"首届中国（上海）—意大利经济金融论坛"论文集

健康的财政与金融体系

——10年金融危机治理的反思

唐珏岚　主编

上海人民出版社

上海市人民政府副市长、上海行政学院院长彭沉雷
在首届中国（上海）—意大利经济金融论坛上致辞

意大利前经济和财政部长、罗马大学（UTV）教授乔瓦尼·特里亚
在首届中国（上海）—意大利经济金融论坛上致辞

中共上海市委党校（上海行政学院）常务副校（院）长徐建刚
在首届中国（上海）—意大利经济金融论坛上致辞

首届中国（上海）—意大利经济金融论坛

首届中国（上海）—意大利经济金融论坛
开幕式致辞

彭沉雷

（上海市人民政府副市长、上海行政学院院长）

女士们、先生们、朋友们：

大家上午好！

在意大利经济和财政部原部长乔瓦尼·特里亚先生的积极推动和中意双方的共同努力下，今天，我们在这里共同举行"首届中意双边经济金融论坛"。在此，我代表上海市人民政府、代表上海行政学院，向各位嘉宾的到来表示热烈的欢迎！向特里亚先生和长期以来关心支持上海发展的各位朋友，表示衷心的感谢！

中国与意大利的友好交流源远流长，2000多年前古丝绸之路将彼此连接，中意两国建立全面战略伙伴关系以来，双方的政治互信不断加强，经济金融合作持续深化。2019年3月，中意两国签署了《关于共同推进"一带一路"建设的谅解备忘录》，意大利成为7国集团中首个签署这一文件的国家。中意两国互信合作的加强，为上海和意大利建立更加密切的经济金融联系，提供了有利的契机。上海与米兰早已结为友好城市，上海与意大利的其他各地也都开展了一系列的合作与交流。当前，中国正在持续推动金融业的开放，上海作为重要的中国金融中心，率先推出了一系列的举措。去年，上海出台了"扩大开放100条"，为包括金融在内的多个领域进一步扩大开放提供了有力支持。2019年7月，上海证券交易所设立了科创板并正式挂牌交易，这为上海进一步加强与意大利的金融合作提供了广阔的空间，也为意大利的企业和金融机构在上海寻求更多的合作带来了机会。

这次论坛的主题是"10年金融危机治理的反思"，这一主题很有意义。金融是现代经济的核心，为全球经济发展注入了强大的动力，但是金融体系也面临巨大的风险和挑战，在全球经济前景高度不确定、债务水平高企、金融脆弱性上升的背景下，金融稳定受到越来越多的关注，防范金融风险成为各国政府越来越关注的议题。中国与意大利共同肩负着推动金融开放、加强金融合作、促进金融稳定的重要职责，也有着共同的利益，希望各位专家学者和业界精英，能够通过中意双边经济金融论坛这个平台，分享前沿的思想、交流精彩的观点、贡献更多的智慧。

最后，预祝本次论坛圆满成功！谢谢大家！

The First China (Shanghai) —Italy Economic and Financial Forum Keynote Speech[①]

Giovanni Tria

（Fomer Minister of Economy and Finance of Italy and Professor of UTV）[②]

Dear participants，

It is with great pleasure that I take part in this opening ceremony of the First Shanghai Bilateral Financial Forum dedicated to the development of financial cooperation between China and Italy. This forum is held in Shanghai，which is the most important financial center of China.

I greet then，also on behalf of the Rector of the University of Rome Tor Vergata，the Deputy Mayor of the Shanghai Municipality

---

① 首届中国（上海）—意大利经济金融论坛主题发言。

② 乔瓦尼·特里亚：意大利前经济和财政部长、罗马大学（UTV）教授。

Peng Chenlei，the Executive President of the Shanghai Administration Institute Xu Jiangang，the Vice President Guo Qingsong，the Italian Consul General in Shanghai Michele Cecchi and all participants in this seminar，academics and representatives of government institutions and businesses.

I am also happy to be here because I am with old friends here at SAI and because it is an opportunity to meet new friends.

I'd like to also express my satisfaction because a little more than a year after my visit to China in August last year as Minister of Economy and Finance of Italy many further steps have been taken for an increasingly fruitful economic and financial cooperation between our two countries. This collaboration has found an important milestone in the agreement signed between our two governments on participation in the Belt and Road Initiative.

As far as the financial field is concerned，on 29 November I signed the Memorandum on Financial Dialogue with the Chinese Minister of Finance，Mr. Liu Kun. This agreement sets the way for close cooperation on various aspects，from fiscal to regulatory fields. The aim is to foster political dialogue，investments in sustainable development，financial cooperation and connection between people in administrations and businesses.

This dialogue had an important moment in the first Forum organized in Milan last July 2019 with the participation of a high-level delegation led by Minister Liu Kun.

A significant step was also the new agreement between Italy and China to eliminate double taxation that I signed last March with Chinese Minister for Foreign Affairs, Mr. Wang Yi. This agreement has achieved a balanced distribution of tax rights and will help to encourage cross-border investment and provide greater fiscal certainty for companies in the two countries.

During my visit a year ago to Shanghai I had the privilege of meeting the Mayor of Shanghai, Mr. Ying Yong and the old friends of the Shanghai Administration Institute. During this visit, here in this School, the idea was born jointly to launch a bilateral Think Tank (promoted by the Municipality of Shanghai and the Italian Ministry of Economy and Finance) with the aim of promoting an exchange of analysis, knowledge and ideas between public regulators, enterprises and scholars aimed at facilitating the banking, financial and insurance sector operators of the two countries in accessing their respective markets.

This exchange was particularly important at a time when China announced important steps towards greater openness to foreign investment and in particular greater openness of its financial and insurance markets to businesses and financial institutions of other countries.

Today that we meet for this first Forum, we can say that many of these steps have already been made with a significant acceleration.

I listened personally with great interest to the speech of Prime Minister Li Keqiang at the Boao Forum last March in the Island of Hainan, when he announced that, following the approval of the new Foreign Investment Law, the adoption of regulations aimed at implementing the planned reduction of restrictions on foreign investment and the progressive opening-up of the various sectors of the Chinese financial market would be accelerated. Subsequently, this acceleration became real.

China has already approved new rules in recent months in the direction of a progressive opening of the banking and insurance sector to foreign investments. Foreign insurance groups can now operate in China through foreign-funded companies with equity holdings by foreign financial institutions. Restrictions on foreign investment have also been reduced with a significant opening-up of the bond market, securities and futures.

These decisions are of great importance for the development of international economic relations and for the strengthening of global economic cooperation aimed at supporting equitable and inclusive development for the benefit of all areas of the world. The importance of this process of opening up the Chinese financial market cannot be overlooked at a time when, on the contrary, there are opposing pressures in the world. In fact, a new protectionism is being reinforced in the world which is at the root of the uncertainties that dominate the evolution of the global economy. With particular concern, we see real and potential obstacles to free trade in high-tech technologies and intermediate inputs. Free trade has been at the basis of the construction of global supply chains which, on the one hand, have led to economic progress and poverty reduction many developing countries and, on the other, have enabled advanced countries to benefit from a long period of growth and low inflation.

There is much more at stake than a few points of growth in the various national economies. The world today is home to about 8 billion people. At the end of World War II, in the middle of the last century, the world population was 2.5 billion. This simple observation forces us to reflect on the fact that the survival of the planet and peaceful coexistence between all countries requires a convinced global cooperation for technological progress that will bring sustainable economic well-being to all populations. We need major infrastructure and new ways of producing in an environmentally friendly manner. We also need to ensure a technological transition that respects the short-term social impact while looking at its long-term sustainability.

This is a common task which, in its pursuit, requires cooperation and openness to prevail over closure and conflict. I believe that financial markets will be the next frontier on which the ability to keep global economic cooperation open and to prevent further damaging market fragmentation will be measured.

Finance must be helped to make its fundamental contribution to this aim by directing savings and wealth towards a use that allows both private return and social benefits, helping the pursuit of those global public goods, such as environmental protection and combating climate change, to which all countries must contribute in the common interest.

To this aim, I believe that special attention must be paid to the development of sustainable finance, that for its nature and the objectives pursued can represent a field in which the resistance to the fragmentation of the markets and the defense of multilateral action can find greater consensus and unite the nations rather than divide them.

To this end, governments have the task of finding new forms of international liquidity management, also through multilateral institutions, and of ensuring through regulation the proper functioning of their respective markets, so that companies can find it advantageous to operate and cooperate in the same direction.

This task is not simple in the international context in which mistrust sometimes seems to prevail, but it is an objective that must be pursued. This is not an easy task because it is a matter of connecting and integrating markets operating in different political, legal and regulatory systems. This requires not only a progressive convergence of regulations, respecting the different systems that respond to specific national features and problems, but also an effort of understanding and deepening to pragmatically resolve the difficulties of harmonization and operation for companies and financial institutions that must operate in different markets and with different regulations.

This first Forum and especially the bilateral Sino-Italian Think Tank that we want to start building here in Shanghai today, were born with this spirit to connect public institutions, the academic community and Chinese, European and Italian companies, so that they can discuss how to benefit mutually from the opening of the Chinese financial markets and how this opening can also encourage a greater presence of Chinese operators in the Italian and European financial markets to support investment.

The basic requirement is that the capital markets can offer maximum support to Italian and Chinese companies and that insurance companies can seek joint solutions for an effective role of the private funds and capital markets, encouraging investors' participation in the bond markets of the two countries. In this regard, we welcome the first issue of Panda

Bonds by Italian operators.

The richness and variety of the issues on the table is very wide and I am sure that this day of study and discussion, which is not by chance held in the context of the important China International Import Expo in Shanghai, will make an important contribution in order to strengthen structured cooperation between the main public and private actors of the two countries and to help those who do business to benefit from an adequate and diversified supply of capital also through innovative instruments of sustainable finance in support of long-term projects.

I therefore wish full success to the working sessions of this Forum.

Thank you for listening.

在"中国（上海）—意大利经济金融智库建设研讨会"上的讲话

徐建刚

（中共上海市委党校常务副校长、

上海行政学院常务副院长）

尊敬的乔瓦尼·特里亚先生：

尊敬的各位贵宾，女士们、先生们：

大家下午好！

经过上午的智库报告发布、主讲嘉宾精彩的主旨演讲，以及下午两场分论坛的主旨演讲和自由发言，与会领导、专家、学者聚焦"健康的财政与金融体系——10 年金融危机治理的反思""中国（上海）与意大利的经济金融合作与发展"等议题深入探讨，实现了思想交流、智慧分享，达到了预期目的，取得了预期成果。我谨代表上海行政学院对"首届中国（上海）—意大利经济金融论坛"的成功举办表示热烈的祝贺！对各位与会领导、专家、学者表示由衷的感谢！

现代智库，是社会分工精细化和决策科学化、民主化的结果；作为重要的智慧生产机构，是一个国家思想创新的泉源，也是一个国家软实力和国际话语权的重要标志。随着智库在各国经济社会发展和国际事务的处理中发挥越来越重要的作用，其已经成为国家治理体系的重要组成部分，是一个国家或地区治理能力的重要体现，具有"无可替代"的优势和作用。

中国（上海）—意大利经济金融智库是在尊敬的乔瓦尼·特里亚先生提议下建立的。乔瓦尼·特里亚先生是意大利著名的政治家和知名的经济学家，也是我们上海行政学院的老朋友。2018年8月31日，上海市市长应勇先生在会见时任意大利经济和财政部部长乔瓦尼·特里亚先生时，双方表示愿在中意全面战略伙伴关系和"一带一路"框架下，进一步加强经济金融等领域的交流合作。第二天，特里亚先生又不忘老朋友，专程到访我院，就与我院开展中意经济金融领域智库合作提出了建设性建议。

后经过双方充分的沟通协商，共同起草了今天递交会议讨论的《中国（上海）—意大利经济金融智库合作项目备忘录》。刚才，各位代表各抒己见，对智库建设提出了许多宝贵的意见和建议，我们将充分吸收、积极践行。特里亚先生也发表了重要讲话，对智库建设寄予厚望。相信双方将在此基础上，切实执行《中国（上海）—意大利经济金融智库合作项目备忘录》的各项要求，共同推进智库建设不断取得新的成就。

女士们、先生们！ 2019 年是中意建立全面战略伙伴关系 15 周年，2020 年将迎来中意建交 50 周年。推动两国全面战略伙伴关系、中意丝路之缘再写新篇，需要两国包括智库在内的、多领域的务实合作。我相信，今天只是一个美好的开端！只要我们双方共同努力，不断深化在贸易、金融、公共财政、投资、研发、现代金融管理与金融创新手段等领域的交流和合作研究，就一定能够为推动中国（上海）与意大利在经济金融领域的合作与交流作出应有的贡献！

最后，再次对与会的各位领导、专家、学者表示衷心的感谢！

序　言

防范财政与金融的双重风险，是维护国家经济安全的"一体两翼"。不得不说，财政与金融危机的成因非常复杂，是诸多因素综合作用的结果，我们从中所能获得的教训和所能进行的改进，以我们对其发生根源的认识为重要基础。令人遗憾的是，虽然我们对危机的细节了解得越来越多，但似乎离危机的根源却越来越远。许多人已经认识到，政府不当的财政和货币政策在危机的形成中起着最重要的作用，但很少有人试图回答为什么这些不当的财政和货币政策制定和实施了这么长的时间，更少有人去反思在危机之后这些不当的财政和货币政策仍在被大量使用，甚至以其作为应对危机的主要手段。近年来，财政与金融危机以各种版本呈现在世界各地，这给世界的未来投下了沉重的阴影。我们认为，不应把传统的财政与金融危机视为纯粹割裂的经济现象，而是经济、政治和社会问题的集中反映。

《健康的财政与金融体系——10 年金融危机治理的反思》是中

共上海市委党校（上海行政学院）、罗马大学联合举办的"首届中国（上海）—意大利经济金融论坛"的成果之一。本书共收录 17 篇论文，从金融危机的成因、债务危机的演化、金融创新的风险和监管等层面，探索构建健康的财政与金融体系之策。

目　录

1

亚洲金融危机 20 年：金融风险防范的新进展与新挑战

唐珏岚

（中共上海市委党校、上海行政学院）

摘要：亚洲金融危机迄今已有 20 余年，当年的重灾国通过改革取得了更好的发展，增强了危机防范能力，但仍面临不少风险隐患。从内部来看，面临私人部门债务风险上升与快速老龄化挑战；从外部来看，作为高度开放的亚洲新兴经济体，其金融稳定将受到全球金融脆弱性上升、贸易投资保护主义抬头，以及金融科技冲击带来的全面影响。维护金融安全，不仅要加强国际经济政策协调，更要着力于实现各国持续、包容的经济增长。中国的金融稳定与作用发挥对亚洲，乃至全球金融稳定至关重要。

1997 年以泰国放弃固定汇率制为导火索而引发的亚洲金融危机，至今已有 20 余年。如今，亚洲各国的经济不仅得到了恢复，还有了更好的发展。危机发生后，学术界就其成因、影响和教训等进行了大量分析，形成了一些基本共识：债务期限结构的不合理、僵化的汇率制度、资本自由流动、国际收支失衡，以及全球金融治理缺陷等，导致了相关国家经济金融安全的失控。尽管历史不会重演，但是如今亚洲新兴经济体金融风险潜伏的领域与20年前仍有不少类似之处。反思历史是为了更好的前行。在危机发生20年后的今天，我们再次探讨这一话题，需要着眼于实际，更多关注危机后20年中的经济金融稳定问题，为未来发展提供警示与预期性参考建议，防范金融风险，促进金融经济稳定。

一、增强危机防范能力取得新进展

亚洲金融危机的爆发，使得之前经济运行良好的泰国、马来西亚、菲律宾、印尼、韩国等出现急剧的经济衰退。危机发生后，亚洲各国吸取教训，取得了长足进步。

第一，当时的重灾国经济已恢复并取得了更好的发展（见表1）。在泰国、马来西亚、菲律宾、印尼、韩国五国中，印尼的经济规模扩大最为明显，2016年该国GDP为1997年的4.3倍，菲律宾为3.7倍。

第二，亚洲已成为全球经济增长的领跑者。2016年亚洲经济增速为5.3%，高出全球经济增速2.2个百分点。[1] 亚洲是全球经济增

---

① 国际货币基金组织：亚太地区经济展望，载国际货币基金组织网 http://www.imf.org/zh/Publications/REO/APAC/Issues/2017/04/28/areo0517，2017年5月9日。

表 1　亚洲金融危机后的 GDP、国际储备与对外债务（亿美元）

国家	GDP（现价）			国际储备			对外债务		
	1997 年	2006 年	2016 年	1997 年	2006 年	2016 年	1997 年	2006 年	2015 年
印尼	2157.49	3645.71	9322.59	174.87	425.97	1163.70	1363.22	1359.6	3085.4
马来西亚	1000.05	1626.91	2963.59	214.70	828.76	944.81	472.28	700.51	1909.51
菲律宾	823.44	1222.11	3049.05	87.45	229.63	806.66	507.06	574.90	777.25
泰国	1501.80	2217.58	4068.40	268.97	670.08	1717.72	1097.31	624.93	1296.54
韩国	5575.03	10117	14112.46	204.65	2391.48	3701.54	—	—	—

资料来源：世界银行数据库，http://data.worldbank.org.cn/indicator。

长的最大贡献者，2016 年对全球经济增长的贡献率达到 60%。可见，从长期的发展进程来看，亚洲金融危机只不过是一个短期的冲击，认为这场危机宣告亚洲经济发展模式失败的论断是不符合实际的。

第三，亚洲新兴经济体增速远高于发达经济体。2016 年，亚洲新兴经济体中有 2/3 加快了经济增长速度，新兴经济体的增速高达 6.4%，而同期亚洲发达经济体的经济增速仅为 1.3%，日本的经济增速只有 1%。[①] 值得一提的是，在这 20 年中，中国成长为世界第二大经济体，2016 年对全球经济增长贡献率超过 30%，已经取代美国成为世界经济增长的第一引擎。

———————

① 国际货币基金组织：亚太地区经济展望，载国际货币基金组织网 http://www.imf.org/zh/Publications/REO/APAC/Issues/2017/04/28/areo0517，2017 年 5 月 9 日。

第四，新技术为新兴经济体提供弯道超车的可能。20年前，亚洲的产业转移存在着清晰的雁阵模式，而如今，雁阵型产业转移虽未结束，但在信息技术基础上发展起来的新兴产业方兴未艾，它们大量存在于移动互联网、电子商务、金融科技、人工智能等新兴领域，这些领域中的新兴经济体有可能实现对发达经济体的弯道超车。例如，截至2017年6月全球共有"独角兽公司"（估价在10亿美元或以上的创业公司）193家，总值为6640亿美元；而中国占到108家，净值总额为4456.6亿美元。中国的"独角兽公司"群体在数量上占全球总量的56%，在估值上占67%。[1]从行业分布来看，大量集聚在上述新兴领域。

为避免重蹈覆辙，过去20年亚洲各国着力构筑风险防范网。一是增加国际储备，以防范货币暴跌。2016年年底，韩国的国际储备增加至3701.54亿美元，是20年前的18倍。印尼和菲律宾约为20年前的10倍（见表1）。国际储备作为一国经济金融实力的重要组成部分，是确保国际收支调整、维持本国货币汇率稳定，以及提高本国货币国际信誉的物质基础。二是削减对外债务，以增强经济独立性。20年前亚洲金融危机发生国的外债总额占国内生产总值比重约为50%，而印尼、菲律宾与泰国均超过了60%。亚洲金融危机20年后除马来西亚外，其他四国已经降至约30%。对外债务比重的下

---

① Nina Xiang, It's the age of unicorns. And here's how China is ranking, World Economic Forum, https://www.weforum.org/agenda/2017/07/its-the-age-of-unicorns-and-heres-how-china-is-ranking 07 Jul 2017.

降，减轻了对海外资金的依赖，降低了国家财政系统在资金流入减少时的脆弱性，增强了经济独立性。三是推进区域合作，以增强风险抵御能力。和 20 年前相比，亚洲区域合作已经变得更加紧密。例如，1997 年发起成立东盟"10 + 3"机制，2000 年达成一旦发生外汇短缺可以互借美元的《清迈倡议》，以及诸多双边货币互换协议的签署，大大降低了因汇率波动引发系统金融风险的可能性。2008 年全球金融危机重创了欧美经济，而亚洲经济只出现小幅下滑，旋即迅速重拾升势，这与过去 20 年亚洲风险防御措施的加强是密不可分的。

自从亚洲金融危机发生后，IMF（国际货币基金组织）一直处于舆论风暴的中心。批评者认为，在亚洲金融危机之前 IMF 建议开放资本账户的做法，与后来相关国家资本账户的失衡直接有关；金融危机期间 IMF 要求各国提高利率，以保护本国货币的做法，反而加剧了经济衰退，恶化了金融局势；要求危机发生国实施紧缩的财政政策，为金融纾困提供空间，是盲目照搬拉美债务危机的药方，使本已脆弱不堪的经济进一步雪上加霜。约瑟夫·斯蒂格里茨（Joseph Stiglitz）甚至认为，每一次衰退最终都会结束。国际货币基金组织做的所有事情都使得东亚国家的衰退更深、更长和更剧烈。[1] 不可否认的是，过去 20 年，IMF 也在反躬自省，甚至动摇了一些长久以来所谓的"正统观

---

[1] Joseph Stiglitz，What I Learned at the World Economic Crisis，The New Republic，April 17，2000.

念"。它开始呼吁推动包容性增长,强调社会安全网的重要性,甚至松动了反对资本管制的立场。例如,在希腊债务危机的救助过程中就展现了灵活性,IMF 主张不要过度削减希腊的财政支出,呼吁欧洲债权人"无条件"提供债务减免,为经济复苏创造空间。

二、亚洲新兴经济体金融安全面临新挑战

尽管亚洲的经济增速领先于其他地区,新兴经济体的增速远高于发达经济体,但仍有不容忽视的风险隐患,有的存在于内部,有的来自外部。

(一)内部风险隐患

从短期来看,亚洲新兴经济体面临私人部门债务风险上升的挑战,而从长期来看,快速老龄化将成为威胁区域金融经济安全的主要因素。

1. 私人部门债务风险上升

金融危机 20 年后,亚洲经济体的债务以惊人的速度攀升。一是家庭债务快速增长。1997—2015 年期间,亚洲家庭部门债务占 GDP 的比重上升了 15 个百分点,其中印尼上升了 5.2 个百分点,新加坡、韩国、马来西亚和泰国分别上升了 11 个、16.1 个、23.2 个与 27 个百分点。2015 年年底,马来西亚和泰国的家庭债务占 GDP 比

重已超过 70%①，逼近 80% 的警戒线。二是非金融企业债务明显提升。过去 10 年全球充裕的流动性、低利率，加大了对新兴经济体企业海外借款的吸引力。据 BIS（国际清算银行）统计，全球主要新兴经济体非金融企业债务占 GDP 比重由 2006 年的不足 60% 增长至 2015 年年末的 110%，远高于发达经济体。亚洲也存在着同样的情况。标准普尔公司预测到 2021 年亚洲有近 1 万亿美元的公司债务到期，这其中 63% 的债务是以美元计价的，7% 是以欧元计价的。全球货币政策的收紧可能使高杠杆企业最终面临汇率、利率等多重风险。万一发生偿债困难，就会影响国内甚至区域的金融稳定。三是短期外债比例走高。根据世界银行提供的数据，2007—2015 年，泰国短期外债占国际储备的比例由 20.9% 上升至 32.8%，印尼从 32.8% 上升至 36.7%，同期印度上升了 10.1 个百分点，越南上升了 23.7 个百分点，马来西亚更是上升了近 60 个百分点，高达 80.3%。短期外债占比上升将加大偿债与融资风险。

2. 人口老龄化问题日益严重

一国或地区的经济增长与人口年龄之间存在着相关性。过去 20 年亚洲获取了巨大的人口红利，但放眼未来，亚洲多国人口老龄化趋势加剧，将面临"未富先老"的挑战。日本已进入深度老龄化（65 岁以上人口所占比重超过 20%），且人口总量已经出现负增长，韩国、新加坡、泰国、中国大陆与中国台湾地区等均已迈入老龄社

---

① 国际货币基金组织：亚太地区经济展望，载国际货币基金组织网 http://www.imf.org/zh/Publications/REO/APAC/Issues/2017/04/28/areo0517，2017 年 5 月 9 日。

会。目前，亚洲人口老龄化增速全球第一。预计到 2050 年，亚洲人口将实现零增长，其中 65 岁以上人口比例将是现在的 2.5 倍[①]，而劳动人口比例将降至新低。老龄化会给经济增长带来不利影响。[②] 因为老龄化程度的加剧会导致劳动力供给增速的放缓，甚至减少，降低生产效率，会使人们厌恶风险缺乏创新精神；随着时间推移，劳动人口的下降和老龄化程度的加剧将造成医疗护理成本与养老金支出的重负，给政府财政带来压力；老龄化的加剧也会引起储蓄率的下降，对亚洲未来的金融安全构成新挑战。

（二）外部冲击因素

作为高度开放的亚洲新兴经济体，其金融经济稳定容易受到全球金融经济环境的影响。

1. 全球金融脆弱性上升

2008 年全球金融危机发生后，全球货币政策经历了同步宽松到分化，再到新一轮"宽货币"的变化。[③] 但当前主要经济体欲对抗

[①] 国际货币基金组织：亚洲老龄化的代价，载国际货币基金组织网 http://www.imf.org/external/chinese/np/blog/2017/050117c.pdf，2017 年 5 月 1 日。

[②] Robert J. Samuelson，Are aging and the economic slowdown linked? The Washington Post，August 21，2016.

[③] 2019 年 7 月 31 日结束议息会议后，美联储决定将联邦基金利率目标区间下调 25 个基点至 2%—2.25%。这是 2008 年 12 月 16 日以来，美联储首次采取降息举措。美联储还宣布提前结束其资产负债表正常化（缩表）计划，从 8 月 1 日开始把所有到期的国债本金进行再投资操作。出于对经济下滑的担忧，至 2019 年 8 月，全球至少有 25 个国家先后宣布降息。

经济下滑的货币政策和财政政策的作用空间相当有限，在目前低利率，尤其是投资者避险情绪上升的环境下，宽松的货币政策效应将受到明显制约。

全球债务水平不断上升。根据国际金融协会的统计，截至 2018 年涵盖公司、家庭、政府和金融部门的全球债务接近 250 万亿美元，大约相当于全球 GDP 的 317%，自 2008 年全球金融危机以来增加了约 70 万亿美元。债务高企或形成削弱债务负担能力和债务可持续性的突发事件风险。[1]

债券市场已充分暴露了投资者的悲观情绪。2019 年 8 月 14 日，美国十年期国债的收益率自 2007 年以来首次降至两年期国债以下。它传递出的信息是，未来的利率将比现在更低。2019 年 8 月 21 日，德国发售价值近 10 亿美元、30 年期的负收益率国债。这是德国有史以来首次发售负收益率的 30 年债。彭博社数据也显示，当前全世界的负收益债券金额达到创纪录的 16 万亿美元。[2]

2. 全球贸易处于紧张局势

与 20 年前经济全球化的高歌猛进相比，当前经济全球化正遭遇逆风，贸易、投资保护主义重新抬头。政府采购本土化、政府补贴、投资保护、贸易救济、出口鼓励、进口关税、非关税措施等成为保护主义的主要举措。美国是这一轮保护主义抬头中的领头羊。例如

---

[1] 袁源：《世界经济近期或有下行风险》，《国际金融报》2019 年 6 月 24 日。

[2] 张熠柠：收益率倒挂，载参考消息网 http://www.ckxx.net/shuangyu/p/182833.html，2019 年 8 月 28 日。

美国政府将美国《贸易扩展法》第232条作为限制进口的依据。该法条规定，总统有权以安全保障为由限制贸易。基于安全保障的贸易限制可能将成为世贸组织规则的漏洞，而这极有可能引发贸易伙伴国的对抗，世界面临爆发"贸易战"的风险。

一旦保护主义情绪进一步加重，一些经济体可能会出台新的以邻为壑政策，必将扰乱国际政策协调，放缓经济全球化进程，阻碍商品（服务）、资本和人员的跨境流动，拖累全球经济增长，加剧全球金融市场动荡。作为高度开放以及深度融入全球价值链的亚洲新兴经济体，贸易投资保护主义的抬头必定会制约其贸易增长，并有可能影响 FDI 流入，甚至导致融资困难。

3. 金融将面临技术冲击带来的全面影响

2008 年全球金融危机发生后，主要经济体监管机构在增加逆周期资本缓冲以及清理银行系统资产负债表方面加强了行动。FSB（金融稳定理事会）认为，改革已解决导致全球金融危机的断层线，"正在建立一个更安全、更简单、更公平的金融体系"。[1] 或许下一场全球系统性金融危机不会源于银行业危机，但全球金融体系的风险远未排除。因为金融风险已经改变，正逐渐从银行系统转向非银行系统。

大数据、人工智能和区块链等的大发展，正在颠覆越来越多的

---

[1] FSB：FSB reports to G20 Leaders on progress in financial regulatory reforms，载 Financial Stability Board http://www.fsb.org/2017/07/fsb-reports-to-g20-leaders-on-progress-in-financial-regulatory-reforms/，2017 年 7 月 3 日。

传统行业，也在改变全球金融体系。当下金融科技（FinTech）的发展方兴未艾，各类电子支付方式的迅速推广使得全球日益趋近于"无现金社会"；传统银行业正在加速"脱媒"，资金的跨境流动变得更为迅捷与方便。比特币等数字货币本身不会产生金融危机，但缺乏稳定性的数字资产有可能造成金融危机，而在不同区域、机构、市场之间的快速流动，也将加剧金融风险的传染性。因此，金融科技的发展对加强全球金融监管提出了新课题，监管机构需要把关注领域拓展到银行之外。

三、增强亚洲新兴经济体金融稳定的对策建议

20 年转瞬即逝，历史不会简单地重复，但总有惊人的相似之处，今天亚洲新兴经济体面临的金融风险与 20 年前仍有不少类似之处。为了防范亚洲金融风暴的再次重演，加强国际经济政策协调固然重要，但关键在于新兴经济体能否真正做到强身健体。中国的金融稳定对于本国、亚洲，乃至全球经济的安全都至关重要。

（一）加强国际经济政策协调

在相互依存的世界，各国经济政策却相对独立，各国政府往往选择最有利于本国的经济政策。经济政策的非同步性会产生负面外溢效应，进而加剧国际金融市场的动荡。因而，为了维护金融稳定，

各国应推动宏观经济政策协调，放大正面联动效应。

从协调形式上看，机构协调与政府协调应相互交融。前者是由特定的机构出面安排和组织的国际经济政策协调，例如国际货币基金组织、世贸组织、世界银行等应经常牵头展开多边的经济政策协调；后者是由有关国家政府经常性或临时性召开的国际经济会议所进行的协调，如 G20 峰会、G20 财长与央行行长会议等是这方面的重要载体。就协调内容而言，需综合协调与专题协调齐头并进。综合协调涉及各个经济领域，包括汇率、货币、财政和贸易等，经合组织、G20 峰会应加强这类协调活动；专题协调只是局限于某一经济政策领域。综合协调为专题协调确定原则和方向，而专题协调是综合协调的具体化。从时间上来讲，需经常性协调与临时性协调双管齐下。经常性协调是对某一领域内存在的问题进行经常、不间断的协调，而临时性协调往往具有应急性，是对某一领域出现的突发性问题展开临时的政策协调，尤其是在发生区域性、全球经济金融动荡时需采取共同的救助措施。

由于国际经济政策协调的手段主要是磋商、合作和共同行动，不乏倡议性但缺少权威性与强制性，因而最终的结果未必会符合协调者的初衷，协调效果有可能大打折扣。因此，加强国际经济政策协调不仅需要相关机构与组织的各种合作与交流，而且需要完善监督机制，即在对相关国际经济政策协调的协议达成和实施提供保证的同时，还应着重加强对守约者的激励，以及对违约者进行惩戒的相关规定。

（二）亚洲新兴经济体要努力实现更具可持续性的经济增长

20 年前的金融危机证明了亚洲新兴经济体的脆弱性。危机发生后，亚洲新兴经济体针对问题，大刀阔斧推行改革：不少经济体实施了更加灵活的汇率制度，努力增强金融部门监管的有效性，大力发展国内资本市场。毋庸置疑，这些改革增强了亚洲新兴经济体的经济韧性，但是，仍面临部分国家企业和家庭杠杆率过高、人口老龄化日益严重等种种风险。面对新的挑战，亚洲新兴经济体仍需通过改革增强防范与对抗风险的能力，促进经济持续增长。

针对部分亚洲新兴经济体过高的企业与家庭杠杆率，除了对贷款实行更严格的收入与负债比率管控，更果断地抑制投机性需求去除资产泡沫外，还应从系统性、逆周期的视角防范金融风险的积累和传播，建立和完善有效的宏观审慎政策框架。从时间维度看，可以要求金融机构在系统性风险积累时建立风险缓冲，在面临冲击时释放缓冲；从结构维度看，可以提高 SIFIs（系统重要性金融机构）抗风险能力，降低金融体系的相互关联度。[1]

针对日益加重的人口老龄化，相关经济体除了引入机器替代人工之外，还可通过提供儿童看护服务、改革养老金制度、增进税收激励等措施，鼓励更多的女性加入劳动力队伍，吸引更多的老年人

---

[1] 中国人民银行金融稳定分析小组：中国金融稳定报告（2017），载中国人民银行网站 http://www.pbc.gov.cn/jinrongwendingju/146766/146772/146776/3350799/2017072516522223298.pdf，2017 年 7 月 25 日。

进入劳动力市场；通过加大人力资本投资、增加研发支出、改善基础设施条件，以提高生产效率；通过放松对外来劳动力的就业限制，增加劳动力供给。

（三）在维护本国金融安全的基础上积极稳妥地参与全球金融治理

金融安全是国家安全的重要组成部分，是经济平稳健康发展的重要基础。当前，中国金融运行总体稳定，但国际国内经济金融形势依然复杂严峻，我国金融发展面临不少风险点。从国际看，金融危机外溢性突显，国际金融风险点仍然不少。一些国家宏观经济政策调整带来的风险外溢效应，有可能对我国金融安全构成外部冲击。从国内看，经济金融稳定运行的基础尚不牢固，存在的风险不可小觑。非金融企业杠杆率过高，商业银行不良贷款余额和不良率"双升"，一些地方政府债务风险不容忽视，房地产市场存在一、二线热点城市高房价和部分三、四线城市高库存并存的结构性矛盾，金融产品创新失序等[①]，所有这些都有可能成为诱发系统性金融风险的因素。

实体经济持续稳定健康发展是维护金融安全的基石。金融是现代经济的血液，要守住不发生系统性金融风险的底线，"金融空转""脱实向虚"是当前迫切需要解决的问题。金融源于实体经济的

---

① 中国人民银行金融稳定分析小组：中国金融稳定报告（2017），载中国人民银行网站 http://www.pbc.gov.cn/jinrongwendingju/146766/146772/146776/3350799/2017072516522223298.pdf，2017 年 7 月 25 日。

发展需要，"回归本源，服从服务于经济社会发展"①是我国金融工作的一项重大原则，一方面金融需主动加强对实体经济的支持力度，另一方面实体经济需加快转型升级、提质增效的步伐，以此提升实体投资的回报率，增强对金融资本的吸引力。

防范化解金融风险需加强金融监管协调，补足监管短板。一是促进金融监管体制改革，使之更好地适应发展需要。国务院金融稳定发展委员会的设立，将为更好地协调金融监管工作和实施金融监管的全覆盖提供机构保障。树立将金融业视为统一整体的综合监管理念，重点关注宏观经济对金融体系的冲击、金融行业之间关联性、跨金融市场传染性等可能引发系统性金融风险的领域，补足监管短板。二是规范金融创新，金融监管需在创新与安全之间寻求平衡。传统的金融监管方式很难适应金融创新的需要，可尝试将"金融监管沙箱"（Regulatory Sandbox）②作为金融创新的试验田。

在维护本国金融安全的基础上，扩大金融开放，参与全球金融治理。构建开放型经济新体制，扩大金融业对外开放是重要内容。这要求深化人民币汇率形成机制改革，稳步推进人民币国际化进程。金融业对外开放的路径是"双向开放"："引进来"即外资金融机构、海外金融产品的进入，"走出去"即中资金融机构与中国金融产品的"出海"。我国金融业在进一步扩大开放的同时，将面临遵循国际金

---

① 新华社：《服务实体经济防控金融风险深化金融改革　促进经济和金融良性循环健康发展》，《人民日报》2017 年 7 月 16 日。

② "金融监管沙箱"，是指金融监管机构允许一些金融科技企业在特定的时间段内，在一个相对封闭的环境中，展开金融创新的大胆实验。

融规则、参与全球金融治理的任务。现行全球金融治理体系是在第二次世界大战初期由美国等西方发达国家主导构建的。如今，第二次世界大战结束已有 70 多年，全球金融经济格局已经发生了深刻变化，新兴市场和发展中经济体成了全球经济增长的发动机，它们对全球经济增长的贡献率已近 80%，然而现行国际货币体系、国际金融组织体系均未能反映这一变化，也难以维护大多数新兴市场和发展中经济体的利益。金融话语权的缺乏是新兴经济体频频出现金融动荡的重要原因。2015 年人民币加入 SDR，不仅是中国在国际经济金融规则制定中发挥作用的重要体现，也有利于提升新兴经济体在 IMF 的话语权。"一带一路"建设的巩固和扩大，人民币国际化进程的推进，亚投行、金砖银行的组建，主导亚洲金融合作协会的成立等，既是中国对构建开放共赢金融平台的积极探索，也是在区域乃至全球金融经济稳定中更好发挥作用的重要尝试。

20 Years of Asian Financial Crisis: New Progress and New Challenges in Financial Risk Prevention

Tang Juelan

（Shanghai Administration Institute）

Abstract: The Asian financial crisis has been more than 20 years since 1997. The hard-hit countries in the past have achieved better development through reforms and enhanced their ability to prevent crisis. However, they still face many potential risks. From the internal perspective, they face the risen debt risk in private sector and challenge of rapid aging. From the external perspective, as a highly opened Asian emerging economy, its financial stability will be affected by the global financial fragility, the rise of trade and investment protectionism, and the impact of financial technology shocks. To maintain financial security, we must not only strengthen the coordination of international economic policies, but also focus on achieving sustained and inclusive economic growth in all countries. China's financial stability and the role it plays are crucial to the financial stability of Asia and the world.

美国次贷危机原因探析

——兼析"内生性危机闭环"的脆弱性

刘建琼

（湖南省委党校、湖南行政学院）

摘要： 美国次贷危机原因有多方面，从供给端来说，表现为金融创新过度；从需求端来说，表现为移民需求失衡，以及由于经济学知识普及不足导致的购房者盲从；从宏观层面来看，则是美国自由市场经济先天缺失所致。由于美元信用泛滥导致资金沉淀在住房市场，低利率助推了房价持续高涨，居民在无知中、次贷各环节机构在信息不透明及利润追逐中盲从于市场跟风，导致"内生性危机闭环"成形，毫无借贷能力的次级抵押贷款人成为"压倒骆驼的最后一根稻草"。

2007 年年底美国爆发了一场严重的金融危机，史称"次贷危机"，表面看是房地产崩溃，实则是金融问题作祟。从那时起，众多研究者纷纷聚焦美国金融创新手段异化和宏观政策失效的分层研究，而不是聚焦其金融创新过度的内生性研究。笔者以为，美国次贷危机具有典型的内生性特征，而且循环无端，初显"内生性危机闭环"及其脆弱性，对于未来世界经济发展，尤其是全球金融发展变动趋势具有深远的影响。

一、美国房产金融供给端创新过度

1. 房贷市场金融创新过度

通过对近 30 年历次金融危机的比较发现，次贷危机最显著的区别在于内生性金融创新规模极大。本·伯南克（Ben Shalom Bernanke）在《行动的勇气》（*The Courage to Act*：*A Memoir of A Crisis and Its Aftermath*）中指出，"次贷危机的种子其实在 20 世纪 90 年代房贷市场的金融创新中就已经埋下了。"（参见图 1）90 年代以前，美国房贷传统模式依靠当地银行贷款给当地居民买房，并一直持有这笔抵押贷款，因此风险成为贷款成交的首要考虑因素。90 年代中期后房贷市场的金融创新，一方面依靠电脑技术中的个人信用评级发放贷款，本地银行优势尽失，外地银行和其他金融机构得以入市，使得房贷利率不断降低；另一方面，贷款的始发银行不必再持有抵押贷款并监察风险，而是将抵押贷款卖给第三方获利，第三方又将这些抵押贷款进行包装处理，以证券的形式卖给投资者（金融公司），这些投资者还可以再打包，卖给下一家，即抵押贷款证券化。据统计，至 2005 年达到最高值时，有 76.3% 的次级住房抵押贷款被证券化。[①] 银行将抵押贷款卖给其他金融实体，后者又将这些贷款掰开揉碎，做成证券，成为各路基金公司的投资工具，在世界各大证券交易所交易，风险分散和转移的链条变得越来越长。市场上的广大投资者，包括基金公司对新型金融产品的信息是不透明的，产品发行者和购买者之间的信息也是不对称的，即次级抵押贷款证券投资者不清楚这些金融产品的标的物和资金池的具体构成情况，也不清楚这些金融产品的结构如何，只能参照评级机构的信用评级和某些大型金融机构创造出来的合成指数，如次贷衍生债券综合指数（ABX 指数）等。但是那些评级机构的信用评级以及各种合成指数

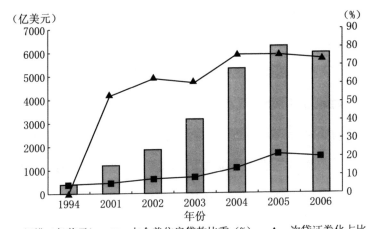

资料来源：豆丁网、抵押贷款市场统计年报（2007）、搜狐网《知财道：再回首美国次贷危机》2016 年 9 月 27 日。

图1 次级住房贷款规模变化及次贷证券化占比

① ［美］罗伯特·M.哈达威：《美国房地产泡沫史（1940—2007）》，陆小斌译，海峡书局出版社 2014 年版。

并不能解决信息不对称问题，如果存在合谋或者内部交易，其真实目的在于不惜诱导投资者以谋取巨额利润。从危机后的美国诉讼乱局可以管窥一斑，三大评级机构均受到股东和政府的诉讼。据报道，一些最大评级机构一半及以上的总收入均来自投资银行产品评级中收取的费用。

2. 过度金融创新扭曲了次贷链条各环节的激励机制

整个危机过程之中，发行次贷证券产品机构、评级机构、基金经理、提供次贷的机构、房地产经纪商、抵押贷款经纪商的激励机制如出一辙，只要有人愿意购买这些金融衍生产品，持有人就不在意真实风险，只在意交易额和利润所得。在 21 世纪最初几年的次贷市场上，只要进场就可以赚取高额利润，稍有迟疑就会迅速被竞争对手挤占市场份额直至挤出，因此几乎所有金融市场的参与者（包括外国金融公司）都狂热地投入到这场次贷的盛宴中。首先是个人投资者，他们相信新型金融产品风险可控，其实这些产品内在的杠杆率使得最终投资者承担着较之房贷市场中次级抵押贷款者更大的风险。其次是投资银行、评级机构和基金公司，尽管金融创新的风险很大，与证券业联系紧密的评级机构却告诉广大投资者这些金融产品风险很小，大型信用评级机构标普、穆迪和费奇受到增加业务总量和盈利额的激励，对分级后的资产抵押证券给出最高安全级别 **AAA** 评级，向市场暗示着购买这些资产安全性非常高，因此许多对资产质量有特殊要求的特定组织，如养老基金也购买了这类资产。最后是房地产经纪商和抵押贷款经纪商，许多欠款过多、无力偿还的房主指责贷款人本就知道不该向他们发放大额贷款，受利益驱动仍然怂恿借款人借入掠夺式次级贷款；同时，一些房主还指控次级贷款发放者搞种族歧视，对少数族裔借款人发放高息刺激贷款，其利率高于同等信用和收入水平的白人借款人。①

3. 传统监管滞后助长金融创新过度

面对金融机构全球混业经营和金融创新日新月异，传统监管模式捉襟见肘，显著滞后。一方面，基于资产负债表和风险状态价值构建的传统 VaR 模型② 在全球化进程中，因为金融机构越来越趋于离岸操作以规避国内法规及税制监管，已经不能很好地监管结构投资公司（SIV）等金融实体。另一方面，一国政府封闭监管本国金融机构的传统模式已经滞后，由于国际间的合作监管并没有顺应全球化趋势建立良好的沟通交流和互利互信机制，因而不能有效识别金融衍生产品的风险。

4. 金融业过度发展致经济虚化

美国第三产业高度发达，2008 年第三产业 GDP 贡献比和就业贡献比均超过 66%。20 世纪 80 年代后，由于大规模"去工业化"及大量制造业海外迁移，截至 2008 年，制造业占国内生产总值比重仅为 12%，第二产业就业人口自 2007 年开始出现了大幅度的下跌，

---

① ［美］罗伯特·M.哈达威：《美国房地产泡沫史（1940—2007）》，陆小斌译，海峡书局出版社 2014 年版。

② VaR 即 Value at Risk，意为"风险价值"。VaR 模型称为风险价值模型，也称受险价值方法、在险价值方法，常用于金融机构的风险管理，于 1993 年提出。

降幅达到了 17.33%；而金融服务业迅速发展，其中以金融衍生品为代表的虚拟经济规模及增速远大于实体经济。特别是 1998 年之后，金融服务业持续扩张并出现混业经营，至 2008 年占美国 GDP 总值 3 成以上，成为美国国内最大的行业，包括央行、信贷、证券、保险、信托、房地产、租赁及非金融资产等机构，其就业人口占全美就业人口的 12.37%，其中纽约市更是有高达 40% 的就业人员从事金融业。同时，自 WTO 成立以来，美国放松金融监管，外国金融机构大量涌入美国市场，加之国内衍生金融机构如雨后春笋般发展，致使境内金融机构迅速膨胀，在给美国带来巨大社会福利的同时，也给美国金融机构埋下了贪婪祸根，使其越来越背离金融业的服务职责，陷入为超额利润而创新、为套利而不计后果的泥泞中。最后，不可违抗的经济规律通过危机的形式予以强制回归，并纠偏其脱离服务实体经济的职能。

二、美国房产需求端失衡盲从

1. 移民需求结构失衡

鱼龙混杂的国际移民都在不断涌向美国，对于美国次贷的发展和爆发都具有直接影响力。21 世纪以来，美国人口增长主要来自移民及移民的出生率，占增加人口的 82%。例如 2002—2004 年，南加州地区吸引了 100 多万新移民，包括大量低素质低收入人口，后者的涌入与《合法移民改革法案》即《1990年移民法》有关。该法案将合法移民配额从原来的每年27万人增加至67.5万人（美国公民的近亲亲属不受配额限制），增加了若干亲属移民和职业移民的类别，同时增加了对非技术工人移民的限制，创立了投资移民类别。美国投资移民法案由国会于1990年通过，并于1992年成为长期法案，每年发放1万个I-829永久绿卡且仅需50万美元投资，无任何学历、语言、文化、教育程度要求。一方面，移民数量与房价升跌密切相关，盖瑞·安德森经济研究中心研究表明，21世纪初，海外移民促使首都华盛顿及周边房地产集中地区的房地产价格上升了13.8%，在弗吉尼亚州北部和马里兰州，外来移民数量增加了113%，致使房地产价格上扬37.5%；而在外来移民数量很少或者没有外来移民的地区，房地产价格则出现了下滑，在外来移民数量下降最多的10个居民区，外来移民人口平均下降39%，房地产价格则平均下降了7.6%。[①]另一方面，移民收入结构直接决定房价走势，美国房价与家庭收入之比平均不超过22%。20世纪70年代初，美国房价与家庭收入之比为1.7%—1.8%，但到次贷危机之前，美国房价与家庭收入之比高达6%。[②]据加州大学洛杉矶分校亚美研究中心和美亚房地产联合会研究数据显示，2004年全美60%的亚裔移民拥有自住房，同时期全美的住房拥有率为历史最高值69%。[③]2006年，

---

①② 张茉楠：《人口变化是制约房地产走向的根本因素》，《中国日报》2011年6月21日。

③ 龚蕾：《从住房拥有率看美国楼市变化》，搜狐博客，2016-8-4。

黑人、亚洲人、西班牙裔、印第安人等购房合计占全美购房者总成交量的 30%。① 不过，最后这 30% 与前述的借入掠夺式次级贷款人有紧密关系。

2. 购房者经济学常识不足导致盲从

美国虽然教育发达，但是，经济学常识包括经济史的普及不够，这与人们对经济学基本知识需求不足有一定关联。目前美国一些中学校长同意金融财务课程进课堂，但是在"家庭经济学"名目下，只讲授平衡支票账户和信用卡使用知识，没有传输经济理论知识，学生成年后盲从"金融专家"或同样无知的"政治家"，成为次贷危机爆发的重要因素之一，俗称"割韭菜"。因为接受了经济学常识教育的购房者一定会明白合同中的抵押贷款利率有无风险、一旦住房价格下降会导致怎样的财务后果、投资第二套房的租金收益比值不值得等问题；反之则相反。2006 年，全国教育统计中心对美国公立学校学生的样本测试结果显示，能够指出政府主要收入来源的只有 36%，能够了解利率如何影响借款活动的不足 1/3。②

3. 住房需求监管不力

一方面，是对住房市场空置率监管不力。2006 年春季，美国房

---

① 龚莹：《人口结构因素对美国房地产业发展的影响》，《人口学刊》2010 年第 2 期。

② ［美］罗伯特·M.哈达威：《美国房地产泡沫史（1940—2007）》，陆小斌译，海峡书局出版社 2014 年版。

价上涨放缓，有些地区开始下降。此时，有资料显示，已售住房空置率达到40%，意味着住房性质改变为投机或者投资。①

另一方面，是对住房贷款安全性监管不力。对于联邦管辖下金融机构安全性监管有两个依据，即20%的资本金要求和20%首付且分期付款数额不高于借款者实际收入的1/3。然而，2007年5月17日时任美联储主席伯南克在泡沫破灭之际仍在说，次级贷款市场的混乱，其影响是有限的……我们没有看到次级贷款市场的问题广泛溢出到银行和储蓄贷款机构中去。②

三、美国市场经济宏观调控手段先天缺失

1. 价格传导机制不畅

首先是次级抵押贷款利率混乱。一方面，美国联邦储备委员会通过联邦基金利率（短期利率）控制住房抵押贷款利率来间接调节住房价格。2000—2004年，美国联邦基金利率长期维持在2%以下的低水平，为美国房地产价格持续上涨奠定了基础。但是，如图2

---

① ［美］曼森·J.罗斯纳：《抵押贷款支持证券和债务抵押债券市场瓦解后如何反弹》，《韩德森协会论文集》，2007年2月15日。

② ［美］罗伯特·M.哈达威：《美国房地产泡沫史（1940—2007）》，陆小斌译，海峡书局出版社2014年版。

所示，在 2004—2006 年之间，长期抵押贷款利率并没有与短期联邦基金利率保持上升的一致性，而是继续保持低水平，使得联储抑制通货膨胀的目的将房产价格膨胀排除在外。另一方面，美国次级抵押贷款市场采取固定利率和浮动利率相结合的还款方式，即贷款者购房后头几年采取固定利率还款，之后采取浮动利率还款，2006 年5 年期住房抵押贷款浮动利率提高到 6.21%，高于同期 15 年期抵押贷款固定利率水平，也高于 2003 年以来的 30 年期押贷款固定利率水平定，所以说是掠夺式贷款。

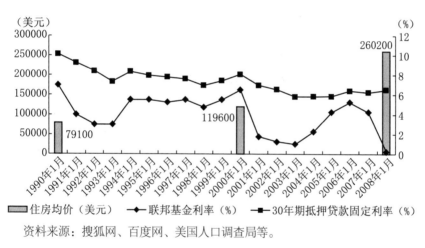

资料来源：搜狐网、百度网、美国人口调查局等。

图 2　1990—2008 年联邦基金利率、抵押贷款利率与住房均价走势

其次是房价年平均增长率大大超出年平均通货膨胀率。如图 3显示，2000—2008 年间，美国年平均通货膨胀率为 3.26%，年平均通货膨胀增长率为 1.6%，但是住房均价年平均增长率达 10.2%，说明 CPI 价格指数中未能真实反映出住房价格涨幅，住房抵押贷款链条中各环节的投资者都没有看到真实的通货膨胀率，以至于无法理性判断房价的变动趋势。

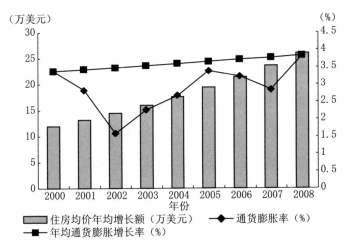

资料来源：新浪微博《美国宏观经济数据》2012-10-27 、［美］罗伯特·M.哈达威：《美国房地产泡沫史（1940—2007）》，陆小斌译，海峡书局出版社 2014 年版。

图3　2000—2008 年美国通货膨胀率与住房均价年均增长情况比较

最后，联邦基金利率提高直接刺破泡沫。从 2004 年开始，美国联储连续 17 次提息，到 2006 年 6 月联邦基金利率已由 2% 提升到

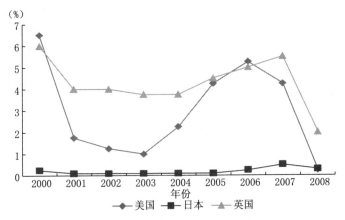

资料来源：360 百科、豆丁网等。

图4　2000—2008 年美国、日本、英国央行基准利率比较

5.25%，提升幅度大大超过同期日本和英国等发达国家水平（参见图4），利率提升加重了购房者还款负担。同时，2005年第二季度后，住房价格不断下跌，使得购房者出售住房或者通过抵押住房再融资越来越困难，贷款违约率不断攀升；银行收回的法拍房竞拍不出高价而出现亏损，直至倒闭，次贷危机由此引发。

2. 美元美债扩张急速

诺贝尔经济学奖获得者罗布特·希勒（Robert J.Shiller）在《非理性繁荣》(*Irrational Exuberance*) 中指出，2000年以前的美国房价扣除通胀后基本持平，2000年后美债和美元都在不断扩张（如图5所示）。其中，美元的广义货币复合年均增长率为5.66%，美国国债年均复合增长率为5.96%，均高于通货膨胀年均增长率水平。而2000—2008年

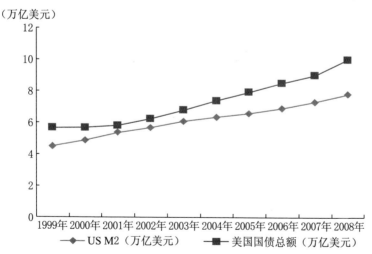

资料来源：百度文库《美元发行量》2012-4-19和360个人图书馆《美国1791—2010年历年国债数据》2018-05-21。

图5 1999年9月至2008年9月美国广义货币及国债发行量

美国住房均价复合年均增长率更是达到 8.81%，更高的房价激起人们更高和更加急不可待的投资热情，资金不够怎么办？银行贷款，为了鼓励更多人贷款买房，各种金融创新应运而生；大家都去做金融创新，收入高又来得快，实业越来越不吸引人，美国贸易逆差越来越大。为了回流美元，奥巴马要求国会允许国债突破上限，世界上其他国家买了更多的美国国债及其金融衍生产品。可见，央行更多印钞—房价更快上涨—居民更多贷款—金融公司更多创新—国家更多债务—央行更多降息（实行量化宽松），货币信贷与房价互为因果，相互缠绕，一个美国特色的"内生性危机闭环"得以形成。危机没有发生时，这个闭环循环无端，示现"繁荣"；一旦某个环节出现断裂，比如偿款违约或无人买房等，这个闭环就会陷入混乱，发生"危机"。

四、结论与启示

综上所述，美国次贷危机成因主要有如下几点：

一是美国货币体系长期赤字政策大气候，致使货币泛滥，债券泛滥，同时联邦政府追求低通胀政绩，所有超发货币越来越聚集于股市债市和住宅市场。沉淀于住宅市场的资金，助推了 2000 年后的房价不断上涨，渐致"内生性危机闭环"成形。

二是金融地产供给端顺应国家宏观调控市场要求，无视市场风险的客观存在和金融公司内部风险监管要求，以追求利润为唯一目的而实施次级抵押贷款证券化过度创新。由于互联网技术的普及，外国金融公司在无法掌握居民真实收入情况下，也参与到次级抵押贷款或者是购买次级证券，加剧了次贷危机的全球性扩散。

三是信息不对称及价格信号失真是隐藏在整个"内生性危机闭环"中各链条关键环节的"祸根"。抵押贷款环节、抵押贷款证券投资环节、抵押贷款评级环节等都存在信息不对称，通货膨胀率、物价指数等价格信号失真，让人们失去了理性。

四是人口增量在这次泡沫催发中起了决定性作用。移民为美国每年新增人口带来了40%的贡献率，同时增加了全美住房需求量。但是，移民结构不当，其中一部分移民收入的缺失导致住房抵押贷款违约率上升，成为"压倒骆驼的最后一根稻草"。

五是经济学普及中对经济风险种类的辨别与防范教育不够，金融投资公司对民众的教育片面于投资理财产品的推销，较少告诫民众投资风险及各种后果。家庭经济学只偏向于讲授平衡支票账户和信用卡使用知识，对投资房产的真实收益和债务风险迷茫无知，所以民众非理性盲从助长了泡沫的持续扩大。

六是监管层疏于对需求端的监测，导致错失市场重要预警信号，如"空置率"、房贷租金收益倒挂、房价收入比过高等。住房需求端的监管是房产发展后期更重要一环，"内生性危机闭环"断裂的口子往往是由需求端砸出的，通俗讲就是"供大于求"。

通过上述结论，可以为中国房地产市场未来发展提供以下启示：

一是当房产市场进入成熟阶段后，必须严密监测需求端的变化，政府、企业和咨询机构可以定期公布需求统计数据。

二是通过各种途径加大经济学基础知识普及范围，使更多居民了解生活中的投资风险及其防范，尤其是当前金融创新及其全球化愈演愈烈情况下，更显必要。

三是鉴于人口数量及其收入结构对住房价格涨跌具有直接影响力，伴随中国城市化进程的进一步推进，每个城市应该对各自人口增量及其收入水平变化有精确的规划，在"一城一策"的实施过程中掌握主动性。

四是完善房地产信息公开制度，杜绝与房产相关的各种价格信号失真的做法。

五是加大宏观调控市场的监管力度，密切监管房贷信用额度和银行资金流向等。

The US Subprime Mortgage Crisis Cause Analysis
—And Analysis of the Vulnerability of "Endogenous Crisis Closed-Loop"

Liu Jianqiong

（Hunan Provincial Party Committee Party School of CPC

Hunan Administrative Institute）

Abstract: There are many reasons for the US subprime mortgage crisis. From the supply side, it is characterized by excessive financial innovation; from the demand side, it shows the imbalance of immigration demand and the blindness of buyers due to insufficient knowledge of economics; from the macro level, it is due to the innate loss of the US free market economy. The flood of US dollar credits has caused funds to settle in the housing market, and low interest rates have boosted housing prices. The ignorance of residents and the blind obedience of sub-prime institutions to the market lead to the formation of "endogenous crisis closed-loop". Subprime lenders with no ability to borrow became "the last straw to overwhelm camels".

美国次贷危机的成因及对我国现金贷市场的启示

王 杰

（黑龙江省行政学院）

摘要：美国次贷危机爆发的根本原因是，资产证券化的基础资产次级贷款的质量太差和对资产证券化的过度应用，以及美国碎片化的金融监管体系监管不力所导致的。而我国的现金贷市场同样存在贷款质量差、信贷风险大和资产证券化的问题。因此，我国现金贷市场要加强监管，借鉴美国次贷危机发生的经验教训，谨防中国版次贷危机的发生。

2007 年美国次贷危机引发了美国及全球的金融危机，在这场金融危机中和次贷相关的各种金融衍生品成了导致危机的罪魁祸首，资产证券化这个金融创新产品也饱受攻击。但是其实资产证券化这个工具本身是没有什么问题的，出问题的是资产证券化产品的基础资产次级贷款。次级贷款发放的风险防控不严导致次级贷款质量太差和对资产证券化的过度应用，是危机发生的根本原因。而我国的现金贷产品与次级贷有相似的地方，风险把控极低，贷款的质量差，现金贷资产证券化的规模迅速扩大。因此，对美国次贷危机发生根本原因的分析与反思对我国现金贷市场的发展及监管具有很重要的警示作用，从而预防中国版次贷危机的发生。

一、美国次贷危机的成因

1. 基础资产质量差

引起美国次贷危机的真正原因不是资产证券化这个工具本身，其实是资产证券化的基础资产次级贷款质量太差，以及对资产证券化的过度应用而导致的。也就是说，出问题的是资产证券化产品的基础资产次级贷款，由于次级贷款发放的风险防控不严导致了次级贷款的质量太差。而次级贷款的风险防控不严和美国当时的宏观环境是息息相关的。2000年年初，美国在遭受了科技股泡沫破灭和恐怖袭击双重打击下经济严重不景气，美国政府为了刺激经济采取了各种措施，其中最重要的一项措施就是提高美国家庭的住房拥有率，实现"美国梦"。美联储从2001—2003年连续降息13次，名义利率从6.5%降到1%，还推出了《美国梦首付援助法案》（American Dream Downpayment Assistance Act），要求降低中低收入家庭的首付比率，并且要求房利美、房地美等政府的金融机构在购买的银行房贷中必须包含一定的穷人房贷。房屋贷款还推出了零首付、无证明贷款等，使很多完全不具备偿还能力的家庭和个人也能贷款买房。这些风险大、偿还能力低的房贷被称为"次级贷款"。这些次级贷款在当时的宏观环境下规模迅速扩大，到2007年次级贷款规模已经占据了证券化市场的半壁江山。

2. 资产证券化的过度应用

资产证券化诞生于20世纪的美国，这一金融创新打破了美国金融市场的分业经营，把直接融资市场和间接融资市场连接了起来。资产证券化简单来说就是投资银行家把银行的贷款打包做成债券，债券卖出后的钱银行又可以继续用来发放贷款，因此资产证券化解决了银行的流动性问题，银行的放贷能力又被数倍地放大。银行贷款属于商业银行体系也就是间接融资市场，债券属于投资银行体系也就是直接融资市场，这两个市场体系在资产证券化这个产品出来以前是分业经营的，而资产证券化打通了两个市场的界限，建立了统一的金融市场体系，因此也促进了金融业的快速发展。

经过几十年的发展，美国的资产证券化已经延伸到了各种资产，如住房抵押贷款、汽车贷款、助学贷款、应收账款等，资产证券化产品遍布美国的资本市场，并且对资产证券化产品又进行再次证券化，证券化的过程中还加大了杠杆率，因此资产证券化大大延长了资产的链条，也放大了资产的风险。到2007年，美国次级贷款的规模达到了7800亿美元，这些次级贷款再经过多次的证券化，制造出了 73 万亿美元的金融交易，是基础资产的数倍，并且规模巨大的金融交易渗透到了美国经济体系的很多领域。所以当房价下跌，次级房屋抵押贷款便出现了违约。随着违约率的升高，就出现了以次级贷款做基础资产的次债危机。随后，顺着多次资产证券化的链条蔓延到了美国整个金融业以及美国经济体系，乃至世界经济体系，次贷危机爆发了。

3. 美国碎片化的金融监管体系难以控制次贷风险

美国的金融监管体系是碎片化的多头监管。何为碎片化？美国有 52 个州，但是美联储却只划分了 12 个储备区，每一个储备区要覆盖好几个州。而每个储备区都具有很高的独立性，而且与所管辖的当地政府的利益部分趋同，各个储备区的金融监管者都为自己所管辖区域的利益代言，因此，美联储系统内部想统一政策就非常不容易。此外，除了美联储，美国还有储蓄机构监理局、证券交易委员会、商品期货交易委员会等多家金融监管机构，这些机构有些是行业协会性质的，有些是国会其他部门所属的，各自的监管力度不同，监管的费用也高低不同。美国的金融类企业往往会通过变更自己的注册机构，来寻求更为宽松的经营环境和更低的监管费用，而各个监管机构也会通过实施各种优惠措施来吸引更多企业将其纳入自己的监管体系，以期获得更大的影响力和更多的监管收入。整个监管体系呈现出的是严重碎片化特征，有时包括美联储主席也搞不清楚谁在监管谁。

另一方面，被监管者华尔街的金融巨头想方设法地逃避金融监管，常年上演着猫捉老鼠的游戏，美联储的监管难度也是非常高的。

其实，早在次贷危机爆发的两年前，关于次级债券、低首付房地产贷款等产品的高风险已经引起了联邦决策者的关注，监管机构还起草了相关的法案。但这些法案一旦送到国会进行表决就会受到来自华尔街和反对党政客的抵制，导致这些法案迟迟难以颁布，直到次贷危机爆发。

二、我国现金贷的风险分析

1. 信贷风险大

从 2015 年以来，我国现金贷呈现出爆发式野蛮增长的态势。现金贷的推销电话满天飞，很多人尤其是收入不高的年轻人都参与其中。现金贷的服务人群主要是中低收入者，这点与美国的次级贷款的客户群体是相同的，美国次级贷款的客户群就是中低收入者。并且，现金贷是一种用于个人短期消费的没有消费场景的纯信用贷款。也就是说现金贷的去向不可追踪，可能会流向股市，甚至赌场，并且普遍存在多头借贷的情况，部分借款者借新债还旧债。不追踪资金去向，也不能掌握借款人的综合借贷情况，因此信贷风险非常大，贷款质量也非常差。

2. 利率过高

现金贷的风险非常高，现金贷的借款者就用高利率来覆盖高风险。现金贷的年化利率普遍超过了 36%，甚至部分现金贷平台的年化利率都超过了 100%，逾期利率更高。现金贷平台通常会以服务费等名义收取超过法律规定的最高利率，具有一定的隐蔽性。现金贷的客户群体本来主要就是中低收入者，偿还能力很差，高利率又增加了借款者的负担，就导致有的借款者通过多头借贷来偿还高利息，借新债还旧债，增加了杠杆率，更增加了现金贷市场的风险。

3. 现金贷资产证券化使风险扩散

现金贷的贷款质量非常差，类似次级贷款，如果这些贷款通过资产证券化市场转卖出去，那风险将会蔓延我国的整个金融系统。现金贷平台只能放贷款，不能吸收存款。2008 年出台的《关于小额贷款公司试点的指导意见》指出，小额贷款公司从金融机构融资比例不得超过其资本净额的 50%，显然从金融机构的融资无法满足现金贷的资金需求，那么现金贷平台如何来募集资金呢？大部分现金贷平台通过资产证券化的模式来募集资金，现金贷平台把这些贷款打包出售，然后卖到金融市场上，卖给那些小银行、基金、券商，形成了各种各样的理财产品，理财产品又最终卖给了大众投资者。现金贷已经渗透到了整个金融行业，一旦现金贷市场出问题，那将会影响我国金融体系的安全与稳定。

三、美国次贷危机对我国现金贷的监管启示

1. 防控信贷风险，提高贷款质量

次贷危机之所以爆发，根本原因是资产证券化产品的基础资产

次级贷款质量太差，资产证券化这个工具本身并没有什么问题，所以提高信贷资产的质量是预防金融危机爆发的关键所在。据统计，我国目前现金贷的坏账率在 20% 以上，所以加强现金贷风险控制刻不容缓。一是加强现金贷的信贷风险控制，建议监管部门严格监管现金贷的信贷风险情况，要求现金贷也要有消费场景，可以追踪贷款资金的去向，加强对贷款申请人的风险审核。二是建立完善的现金贷大数据信息库，同时建立防信息泄露制度，实现现金贷平台信息共享，防止多头借贷及欺诈行为。三是建立现金贷风险准备金制度，防止现金贷平台倒闭引发各种社会问题，危及金融系统的安全。

2. 严格监管利率，防止高利率

现金贷平台存在的高利率问题比较普遍，现金贷平台用高利率来覆盖高风险，导致现金贷平台忽略信贷风险，所以高利率不仅扰乱了金融市场秩序，还威胁金融市场安全。监管部门要严格监管现金贷的法定利率水平，也就是最高司法解释中年利率 36% 的利率红线。严禁现金贷平台通过收取手续费、服务费等变相抬高利率，防止高利率。一是建立经常审查制度，通过明察暗访等各种措施，全面掌握现金贷的利率水平。二是建立超法定利率红线的举报制度，开通监管部门的举报热线。三是严惩存在高利率行为的现金贷平台，发现一起处理一起，制定惩罚措施，对于多次出现高利率行为的现金贷公司则取消其经营资格，并禁止其再进入现金贷市场。

3. 严格控制现金贷资产证券化的规模，防止现金贷的风险蔓延

资产证券化是近半个世纪以来最大的金融创新，它打通了直接、间接融资市场，实现了融资、投资和流动性三大功能，因此我们不能完全禁止资产证券化这个金融工具的应用，相反应该促进资产证券化在我国的推广应用。但是资产证券化及再证券化会增加杠杆率，加大风险，所以推广过程中监管层应该密切关注现金贷资产证券化的风险。一是在保证现金贷基础资产质量的前提下，适当地推广应用资产证券化。二是严格审核资产证券化的资产质量，适当地控制资产证券化的规模。三是完善信用评估体系，对资产证券化的产品进行科学客观的评估，提高资产证券化的门槛，评估等级低的产品禁止出售，保护投资人资金安全，防止风险蔓延。

The Causes of the US-Subprime Mortgage Crisis and Its Enlightenment to China's Cash Loans Market

Wang Jie

（Hei Long Jiang Province School of Administration）

Abstract: The root causes of the US-subprime mortgage crisis are the poor quality of the underlying asset subprime loans and the excessive application of asset securitization，as well as the ineffective supervision of the fragmented financial supervision system. However，China cash loans market also has the problems of poor loan quality，high credit risk and asset securitization. Therefore，China cash loans market must strengthen its supervision，extract experience and draw a lesson from the US-subprime mortgage crisis to prevent the occurrence of China subprime crisis.

美国金融危机原因分析及启示

刘瑞华　王　威　党程远

（黑龙江省行政学院）

摘要： 2007年3月美国次贷危机开始，至2008年美国金融危机全面爆发，其影响从美国金融市场向全球金融市场扩散，从虚拟经济往实体经济逐渐渗透，最终酿成了全球性的金融危机。美国金融危机的原因在于美国不当的房地产政策和宽松的货币政策，新自由主义导致金融业过度自由化，经济过度虚拟化偏离实体经济以及金融监管的缺失。本文通过对美国金融危机成因的研究，在借鉴已有的理论和方法的基础上，对美国金融危机形成一个整体的把握和认识，并得出了一些对于我国经济建设及预防金融危机的有益的启示。

一、金融危机理论综述

金融危机理论的研究历史大致可以划分为三个时期：凯恩斯前时期（20世纪50年代前）、凯恩斯时期（20世纪50—80年代）和凯恩斯后时期（20世纪80年代后）。本文按历史时期对金融危机理论进行了划分和总结，三个时期的研究具有很强的独立性，在不同的历史条件背景下，从不同的角度和层面对金融危机进行了研究，各个理论之间具有一定的互补性和继承性。

（一）凯恩斯前时期代表性的金融危机理论

1. 19世纪早期对金融危机的主流解释"过度贸易论"

亚当·斯密在1776年出版的《国富论》中认为，由于从贸易中获得的利润大于正常利润，从而导致过度贸易，结果可能就是商业和金融危机。在后来的研究中，赖特·米尔斯（Charles Wright Mills）进一步分析认为，危机主要是由道德和心理因素造成的，认为大约每隔十年就会发生一次信贷需求量的巨大扩张，随后是信贷的暂时衰落，这种信贷周期培养了一种随意和不负责的乐观情绪，并最终导致危机和停滞。

2. 以拉尔夫·乔治·霍特里（Ralph George Hawtrey）为代表的"纯货币理论"

假设银行信用是主要的支付手段，银行系统创造信用并决定它的数量，此时货币流动本身的改变就足以引起经济行为的变化，包括经济繁荣和衰退的更迭。由于总需求（消费支出）通过剑桥方程式与货币供给相联系，因而货币数量的变化必然引起消费支出的变化，从而导致实际经济波动。

3. 欧文·费雪（Irving Fisher）"债务—通货紧缩"理论

欧文·费雪的"债务—通货紧缩"理论的核心思想是：企业在经济上升时期为追逐利润"过度负债"，当经济陷入衰退时，企业赢利能力减弱，逐渐丧失清偿能力，引起连锁反应，导致货币紧缩，形成恶性循环，金融危机就此爆发。

通过以上分析可以看到，这一时期的理论是一个强调在经济周期中货币和银行系统发挥着主要作用的理论。

（二）凯恩斯时期代表性的金融危机理论

此时期有影响的金融危机理论主要是海曼·明斯基（Hyman Minsky）的"金融非稳定理论"，以及查尔斯·金德尔伯格（Charles P.Kindleberger）的金融危机理论。它们的共同点是：假设金融系统本身是内在不稳定的。

1. 明斯基的"金融非稳定假说"

明斯基对金融内在脆弱性进行了系统分析，提出了"金融不稳定假说"。

明斯基的金融不稳定理论指出，经济处于稳定的套期融资状态之下，而各种不同的融资状态是可以相互转化的，但是这样偏离实际经济的资产泡沫是注定不能持久的。当它到达了所谓"明斯基时点"之后，投机融资会变成庞氏骗局 ①，在"过度负债"的压力下，经济参与者不得不出售资产以回收流动性，清偿债务和改变金融头寸，大量投资者的争相逃离很容易导致资产价格的崩溃，将会导致大量的金融机构因为资不抵债而倒闭破产，金融危机便由此爆发。

2. 金德尔伯格的金融危机理论

在明斯基金融不稳定的理论基础上，美国经济学家金德尔伯格也对金融危机现象展开了深入的研究分析。他强调，不稳定的信用体系和货币体系导致了经济灾难的爆发。在《疯狂、惊恐和崩溃：金融危机史》一书中，金德尔伯格将金融危机发展过程概括为如下的经济模型："投资机会出现→资金过剩，金融投资持续扩张→过度发放贷款→资产交易过度→资产价格暴涨→资金需求增大，货币流通速度加快，利率上升→资金周转困难，投机家开始抛售金融资产→资产价格暴跌，金融资产缩水→金融危机产生"。②

（三）凯恩斯后时期代表性的金融危机理论

凯恩斯后时期代表性的金融危机理论是信息不对称理论。

在金融领域，借款者和贷款者所拥有的信息不对称，前者要比后者具有更多优势，这种信息优势会导致逆向选择或所谓的"柠檬

---

① 庞氏骗局是对金融领域投资诈骗的称呼，在中国又称"拆东墙补西墙""空手套白狼"。简言之，就是利用新投资人的钱向老投资者支付利息和短期回报，以制造赚钱假象，进而骗取更多的投资。

② ［美］查尔斯·P. 金德尔伯格：《疯狂、惊恐和崩溃：金融危机史》，朱隽、叶翔译，中国金融出版社 2007 年版，第 55 页。

问题"。另一个后果会出现道德风险。在信息不充分的情况下，这种
"劣币驱逐良币"的现象不仅不利于金融市场的资源配置效率，而且
还会增加市场的泡沫化。由于交易者之间在信息方面的不对称性使
得噪声交易者出现，理性交易者与噪声交易者进行博弈，经常出现
噪声交易者占据优势地位，导致市场有效性降低，并使价格偏离基
础资产价值，从而形成泡沫。同时高额利润会驱使部分理性交易者
不再进行基础价值分析，而是通过预测噪声交易者的行动来预期价
格的变动趋势，从而使其发生向噪声交易者的蜕变。这一结果进一
步加剧了金融泡沫的形成和膨胀。

二、美国金融危机的原因分析

美国是世界最大的经济实体，也是最大的资本市场，全球化使
得美国在国际贸易与国际金融两个方面与全世界紧密相连，它的任
何一个方面出现了问题，都会给全球经济造成不良的后果。因此，
了解这场危机产生的根源对于中国防范金融市场风险很有必要。

（一）激进的房地产金融政策为危机埋下了伏笔

美国低利率政策导致了美国房地产市场泡沫的出现；同时，美
国政府又采取了一系列不完善的房地产金融政策。例如，美国政府
颁布的《1986 年税收改革法案》，规定纳税人用于购买第一套和第

二套住房的贷款利息支出可在个人所得税的应税所得中扣除。虽然《1987年税法修正案》规定可获得利息扣除的各类房贷总额最高不超过100万美元，但这一税收优惠仍显著减轻了纳税人贷款购房的利息成本，可直接促进住房抵押贷款的增加。根据1997年调整的税法，纳税人自住的第一套住宅在过去5年中居住满2年的，其转让资本利得可获得25万美元的免税。此外，纳税人就自有住宅缴纳的地方财产税也可在联邦个人所得税税前扣除。资料显示，房地产税收优惠是美国最重要的税收支出项目，2008年达1450亿美元。美国政府以上两方面政策使得公众更多选择买房自住而不是租房。在房地产市场的供给弹性相对较低的情况下，房地产市场的价格将被推高。鼓励住房抵押贷款的政策，由于使大量低收入家庭以超过本身的还款能力贷款购买住宅，进一步地增加了房地产市场泡沫的膨胀和房地产信贷市场风险的累积。

（二）过度的金融创新埋下了隐患

伴随着经济全球化的快速发展，新自由主义成为英美两国经济发展的主导思想，并成为经济政策的理论基础，也成为美国在全球推行金融自由化的工具和理论根源。新自由主义强调"最少的政府干预、最大化的市场竞争，金融自由化和贸易自由化"。正是这种对市场过分信任的理念助长了金融市场主体的非理性行为，造成了金融市场内部的坍塌。

金融创新在本轮金融危机中起着助推器的强大作用。由于金融资产证券化使打包后的贷款抵押资产为标的物的债券向投资者大量销售，一方面使金融机构将那些流动性较差的贷款资产以货币的形式收回，另一方面帮助了金融业投资者拓宽了投资渠道途径。尽管表面上有巨大的功效，但其本身却存在着巨大的缺陷与漏洞。正如国纪平教授所认为的，在金融资产证券化中创造的金融业衍生产品本来可以起到分散金融系统风险和提高银行及金融机构工作效率的作用。但是，当资产证券化超过了一定的范围极限，就会加长金融交易之间的链条环节，这些复杂的环节中只要一个环节出现误差，就会导致金融交易出现破裂，金融业出现危机。美国的次贷危机就是金融衍生产品越变越复杂，使得金融市场越来越缺乏透明度。

在美国金融危机中投资银行为了转嫁风险、获得更多的暴利，对抵押贷款实施资产证券化，并将那些住房抵押贷款债权从资产负债表中完全剥离出来，然后以部分债权作为基础来大量发行住房抵押贷款支持证券。具体来说，就是金融业的投资银行将次级债券重新打包成金融投资新产品销售给投资者，并将风险进行分担、转嫁。由于金融市场参与双方信息严重不对称，投资者完全不能理解其风险及损失。如前文所述，从 MBS（住房抵押贷款债券）到 CDO（债务抵押证券）再到 CDO2（在 CDO 的基础上又衍生出来新的债务抵押证券），以及 CDS（信用违约掉期）等一系列衍生品，这些金融衍生产品的结构变得越来越复杂，导致最终投资者与原始贷款间的距离越来越大，使投资人越来越难以准确理解和评估这些金融衍生产品的最终价值及其所包含的风险和危机。当美联储上调货币利息率时,一部分美国民众无力继续偿还银行贷款,于是在复杂的金融衍生品链条中,一个环节出现问题,就会导致所有环节出现一连串的连锁反应,由此引发金融危机。

从理论上说,这样的金融衍生品违背了基本的经济学原理。一方面,如此复杂的金融创新衍生品完全脱离了银行信贷可偿还的货币价值基础,衍生品价值取决于抵押物品价格的上涨,而非借款民众的还款金额,只能产生虚幻的金融泡沫。另一方面,对于投资者而言,这类金融衍生产品掩盖了背后的风险,无从考证其真正的价值,使金融系统性风险不断叠加,大大超出了所有市场参与者所能承受的极限。

(三)经济过度虚拟化和自由化,偏离实体经济

美国实体经济日益萎靡,而虚拟经济却日益壮大,甚至运动过度,导致实体经济与虚拟经济的严重背离,引起金融部门和实体经济部门间的失衡(如图1所示)。而正是由于美国虚拟经济的过度发

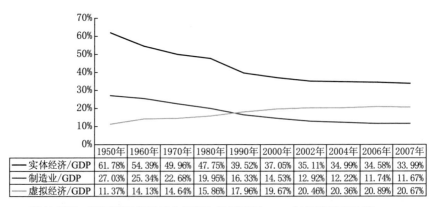

	1950年	1960年	1970年	1980年	1990年	2000年	2002年	2004年	2006年	2007年
实体经济/GDP	61.78%	54.39%	49.96%	47.75%	39.52%	37.05%	35.11%	34.99%	34.58%	33.99%
制造业/GDP	27.03%	25.34%	22.68%	19.95%	16.33%	14.53%	12.92%	12.22%	11.74%	11.67%
虚拟经济/GDP	11.37%	14.13%	14.64%	15.86%	17.96%	19.67%	20.46%	20.36%	20.89%	20.67%

资料来源:根据国际货币基金组织和世界银行2008年统计整理计算。

图1 美国实体经济与虚拟经济

展使得金融衍生产品的杠杆效应产生了巨大的泡沫，从而导致美国金融危机的爆发。

根据国际货币基金组织和世界银行的统计数据，全球虚拟资产的交易量已经远远超过商品和服务贸易。从经济虚拟化的范围来看，经济虚拟化程度最高的是发达国家和地区，但是从 20 世纪 80 年代中后期开始，新兴经济体的经济虚拟化步伐大大加快了。"在经济虚拟化趋势下，虚拟资产的数量激增，虚拟资产的价值迅速膨胀，虚拟资产对经济生活的影响日益突出，表现出经济结构的进一步虚拟化和增长方式的相应变革。"

在美国，高度的证券化和资本化，致使虚拟资本日益庞大，并存在于实物资本之外，背离了虚拟经济为实体经济服务的宗旨，投机赚钱的目的早已超越了为实体经济融资的意义。同样，作为虚拟经济活动的核心：炒作、投机赚取差价，原本是服务于实体经济的，而如今却沦为实体经济的附属目标。

当虚拟经济背离实体经济到一定程度而市场无法调节时，就容易形成泡沫而引发危机。当美国虚拟经济日益膨胀时，实际资本存量逐渐减少，从而债券市场、股市以及房地产市场逐步成为决定美国经济兴衰最主要的因素。由于新的金融衍生产品不断将现金流最大限度地证券化，从而在虚拟经济快速发展的过程中，金融机构要将资金杠杆扩大到其他可以利用杠杆效应创造货币收入的领域，这样便导致了各种投机活动极度活跃，信用风险笼罩各个经济领域。在这种情况下，美国经济便处于危机爆发的前沿。

（四）资本充足率低，杠杆率高

以雷曼兄弟为代表的投行自有资本太少、资本充足率低，为了筹借资金扩大业务，只好依赖债券市场和银行间同业拆借市场，通过发债满足中长期资金需求，通过回购满足短期资金的需求，将资金运用于业务和投资，赚取收益。

次级债的最大风险在于，通过对冲基金的衍生品杠杆操作使得风险敞口增大，在出现流动性紧缺的情况下，通过债务链条传导而引起金融市场波动。

（五）美国财富收入分配的失衡

在财富分配不均及市场错配的市场格局中，相对于其他部门而言，金融部门通常能为投资者带来更高的收益，对资源吸引力更大，大量金融资源和人力资源必然会不断涌入金融部门。美国经济学家约翰斯顿认为，美国在保持经济持续增长的同时，收入和财富分配的失衡也在加剧。据他统计，仅2006年，美国顶尖25家对冲基金管理人的平均收入为5.7亿美元，位居榜单前三位的管理人收入超过10亿美元，25位管理者的收入加总相当于GDP居世界第95位的约旦国的GDP总额。在华尔街，全部投资银行职员的平均收入约为436084美元/人，是其他私人部门工人平均年收入（40368美元）的10倍以上。

事实上，绝大多数的财富创造并未使绝大多数人受益，而持有巨额财富的少部分人，其消费支出相当有限。然而，超额资本的存在并非为了消费，而是追逐超额收益，超额财富需要再投资，将个人、机构和国家的超额收入在世界范围内搜寻匹配的投资机会。此时，华尔街的银行家、基金经理所操控的对冲基金等金融机构和金融衍生产品则满足了这一需求，证券化、衍生品市场空前繁荣起来。但当金融系统的某一环节出现问题时，这些超额资本就会转移战场，另寻他路，导致此前有巨额资金流入的美国金融市场上的创新型金融衍生产品持续暴跌，引发流动性危机，进而引起金融市场的剧烈动荡。

（六）金融监管缺失

美国金融监管的最大特点是，存在多种类型和多种层次的金融监管机构。在美国这个崇尚自由的国家里，在政治和文化上都崇尚权力的分散和制约，反对权力的过度集中，这些都是美国金融监管体制形成的深层次原因。艾伦·格林斯潘（Alan Greenspan）在《动荡年代》(*The Age of Turbulence*：*Adventures in a New World*) 里阐述说，"几个监管者比一个好"，因为他相信只有在各个监管机构同时存在的情况下，才可以保证金融市场享有金融创新所必备的充分的民主与自由，同时，也可以使得每一个监管者形成专业化的比较优势。这样，它们之间的竞争可以形成权力的制衡。

首先，美国的监管体制以分权为特色，存在联邦和州两个层次的金融监管体系，在联邦一级的监管机构又是以多个不同的机构共同行使金融监管权,这种做法被称为"多线多头"模式。美国的这套监管机制确实在历史上支持了美国金融业的繁荣。然而,随着全球化的发展和金融机构综合化经营的发展,随着金融市场之间产品创新的发展、交叉出售的涌现和风险的快速传递,这样的监管体制也越来越多地暴露出一些问题。监管领域的重叠和空白同时存在,规则描述过于细致,监管对于市场的反应太慢和滞后。图2为美国的次级抵押贷款的监管体系。显而易见,金融法规不统一,没有一个联邦机构能够得到足够的法律授权来负责看管金融市场和金融体

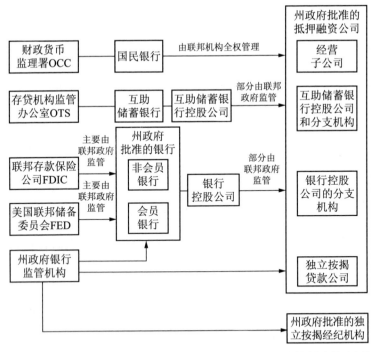

资料来源:邓翔,李雪娇:《"次贷危机"下美国金融监管体制改革分析》,《世界经济研究》2008年第8期。

图2 美国次级抵押贷款监管体系

系的整体风险状况，风险无法得到全方位地覆盖等。监管当局相对放任自流的监管态度，在一定程度上纵容了金融机构的过度结构化行为，由此埋下了巨大的风险隐患。

三、美国金融危机对我国的启示

（一）逐步完善房贷金融政策

通过对美国金融危机产生的原因进行分析，可以看出：一些低首付、零首付等不当的房贷政策导致次贷规模不断增大；不完善的房地产金融政策导致房地产市场泡沫的增大，加大了危机发生的可能性。因此，我国商业银行在发展房贷业务时也应该注意完善房贷政策和其他相关政策。房贷的目的通常是为了自住或投资，在房价上升时期，两者没有差别；而一旦房价下跌或波动，以居住为目的的按揭人不会轻易放弃房产，而以投资为目的的按揭人则会放弃房产，给银行带来冲击。要根据不同的用途，实行不同的政策。

目前，我国房地产金融市场仍以一级市场为主。一级市场体系中虽包括商业银行、住房储蓄银行、非银行金融机构、住房公积金中心等机构，但仍以商业银行为主，其他机构发展并不充分或仅处于起步阶段，没能构成多元的支持体系和风险分担体系。这样过多地依赖商业银行，加大了银行的风险，将会使企业的融资越来越困难。

由于我国的金融体系更接近于主银行制度，伴随着金融深化的进程，尽管房地产证券金融会得到迅猛发展，但仍然难以取代信贷金融的主导地位。因此，在未来相当长一段时间内，尽管商业银行信贷在房地产融资中的份额可能会有所下降，但仍将是房地产融资的主要工具，银行信贷份额的下降将取决于证券化金融工具大力发展的替代，而非自身发展速度的减缓。

因此，要加快建立科学规范的多渠道、多形式的房地产金融体系。在美国的房地产贷款中，银行贷款只占15%，主要原因是美国已经实现了房地产金融的多渠道。这样，不仅有利于房地产企业贷款时的选优，而且有利于金融业通过相互竞争不断地提高。未来日益发展的证券化金融工具将成为房地产融资的有益补充，大大丰富和完善房地产融资的渠道和手段。

（二）积极有序推进金融创新

金融创新不仅是金融机构增强赢利能力，实现可持续发展的关键，同时又是防范和化解金融风险的有效途径。通过金融创新来改善金融服务，可以更好地满足我国经济与社会发展的需要，更能有效地提升金融资源的配置效率。

次贷危机爆发后，金融创新浪潮中风光无限的CDO（抵押担保债券），成为引爆本次金融危机的导火索之一，金融创新也遭到了前所未有的质疑。但我们应该清晰地看到，在经济金融全球化的背景下，金融创新的步伐正在不断加快，如果不能跟上这一发展趋势，就会在将来的全球化金融竞争中处于不利位置。

金融创新应谨慎，但不应停止。金融创新是一把"双刃剑"。一方面，它有利于金融部门通过多种途径来消除风险，增强流动性，实现风险的分散化。但另一方面，其相关产品虽然可以对冲风险，但不会消灭风险，只是将风险由一种形式转换成另一种形式，由一种载体转嫁到另一种载体上而已。相反，由于不确定性，由金融创新诱发的金融风险有时还可能会更大。尽管如此，我们不能就此否认或抑制金融创新，而要把加强对金融创新的风险控制和监管作为重点。

我国正处于金融创新的初期阶段，由于过度创新而引发的美国次贷危机为我们上了生动的一课，所以我们从起步阶段就要注意有效地控制和化解市场风险。在进行金融创新时，要对金融创新的正面效应和负面效应进行充分的认识和估计，不能只聚焦在金融创新带来的收益上，而要对它的风险给予较多关注。此外，我们还要重视监管。监管不是要放缓金融创新的脚步，而是要让每一步都走得稳健。通过规范有效的金融监管来指导金融创新，不仅可以不断激励新的金融创新，加快金融改革的步伐，还有利于促进金融市场的稳健开放。总之，我们应结合国情走创新之路，避免出现类似美国因金融创新过度而造成严重后果的情况，让创新成为我国金融业健康发展的强劲动力。

（三）防止脱实向虚产业空心

金融市场难以脱离实体经济而单独发展，经济的基本面仍然是决定性因素。美国金融陷入动荡的泥潭，主要根源之一就是金融市场与实体经济的严重脱节。尽管资产价格泡沫在短期内可以拉动一国的要素投入，维持表面上的经济繁荣，但这种繁荣背后没有实体经济的依托，没有技术进步和生产效率提高的支撑。建立在资产价格上涨基础上的财富效应无法替代实体经济中财富的真正积累，虚假的财富效应只能带来虚假的繁荣和随后的动荡。所以，我们应该依靠技术进步和劳动生产率的提高来大力发展实体经济，要坚持实体经济基础在一国经济增长和金融发展中的根本地位不能动摇。

由美国次贷危机演化而来的全球金融危机，其重要原因在于虚拟经济与实体经济发展的严重失衡。本质上说，虚拟经济是一种作用于实体经济的服务业，实体经济才是根本。实体经济是第一性的，金融等虚拟经济产生于实体经济之中，可以反作用于经济。如果任由虚拟经济脱离实体经济的需要，自我服务、自我膨胀、吞噬实体利润，就会扭曲对实体经济的资源配置，扩大社会贫富差距，滋生经济泡沫，埋藏巨大危机。西方国家的这次惨痛教训值得我们深入思考。因此，虚拟经济和实体经济要协调发展，保持一种平衡状态，这样才能共同发挥作用驱动经济发展。

金融行业的经营活动本身并不创造价值和剩余价值，但通过生产劳动，商品的价值和剩余价值得以实现，金融资本获得产业资本让渡的剩余价值。因此，实业才是金融业利润的本源。银行贷款给厂商使其有资金生产经营，资本市场为企业集中资本、积聚资本使其能够扩大生产。在实业发达繁荣的基础上，金融业再获得利息、分红等回报。只有这样，才能形成金融与实业的良性互动，共同发展，共同繁荣。因此，无论从协调虚拟经济同实体经济共同发展的角度，还是从实体经济决定虚拟经济的经济学角度，夯实实体经济发展的经济基础，调整经济结构，转变经济发展方式，对于实现实业兴邦，推动国民经济的可持续发展都具有重要的意义。

（四）强化国内金融创新监管

在美国金融危机的整个发生、发展过程中，金融监管部门难辞其咎。美国金融危机的爆发也暴露了美国金融监管的缺失。美国监管机构繁多，责任交叉。财政部、美联储和证券交易管理委员会的监管职能既有重叠又有盲点。虽然，在危机发生之前，美国政府金融监管部门已经对信贷门槛的下降有所察觉，但美国政府监管与金融市场之间的脱节，导致难以马上对变化做出反应，存在的监管漏洞被一些金融机构利用来逃避监管，导致经济形势不断恶化，以至于金融危机的发生。此次危机表明，美国的金融监管已不能适应现在的金融风险。由于风险的传染速度快、范围广，单个部门的监管已经显现出它的迟钝和狭窄。反思美国金融危机的经验教训，我们所采取的监管模式应当强化金融监管机构之间的协调性，实现机构性监管向功能性监管的转变，加强对金融创新的监管，同时加强国际金融监管合作。

（五）推动国际金融体系重构

由于国际金融体系的缺陷是形成金融危机的主要原因之一，因此对现有不受约束的美元所主导的国际金融体系进行改革是挽救金融危机、恢复世界经济增长的必要手段。我国要进一步强化金融发展水平，在国际金融新秩序的重构中争取主动权和话语权。一方面要渐进有序地推进人民币资本项目可兑换和国际化进程，有效借鉴他国货币国际化的路径与方式，审慎探索符合中国实际情况的具体方案，走一条渐进有序却坚定的货币国际化之路；另一方面，应加快金融体制改革，尽快缩小与金融强国之间的差距，获得与他们平等的地位和发言权。（1）通过放开存款利率完成市场化导向的利率体制改革；（2）放松银行业的市场准入，允许民间资本开设社区银行、农村银行；（3）尽快建立存款保险制度和银行破产制度，加强银行的风险自控意愿和能力；（4）变股票发行的审批制度为注册备案制度，增强金融市场的活力；（5）建设金融业健康发展所需要的长期市场信用基础，以形成良好的长期投资环境。

（六）提升科创板块的上市质量

从科创板企业审核所透露出来的信息看，相关企业的核心技术及其先进性、同业竞争及关联交易等可能影响发行人独立持续经营能力的情形、财务会计基础工作的规范性和内部控制的有效性，以及相关信息披露的充分性、一致性、可理解性等事项，往往受到重点关注。因此，不符合科创板定位的企业、企业财务与业务存在问题的企业，以及信息披露存在瑕疵的企业，往往很难通过审核部门的问询关，更不可能实现在证监会的注册，以及发行新股上市。科创板试点注册制，拟上市企业的信息披露是核心。抓住信息披露的"牛鼻子"，注册制的试点才可能有序推进，才可能取得最终的成功。

基于此，科创板进一步提高发行人的信息披露质量、中介机构的执业质量和发行上市审核质量将是非常重要的。其中，发行人的信披质量首当其冲，而上交所强化信披监管则不可或缺。另外，强化信披刚性监管，也是提高科创板上市公司质量的重要保证。沪深主板、中小板、创业板上市公司质量参差不齐，企业质地固然是重要因素，但当初作为发行人的信披质量差强人意却也是不争的事实。实际上，由于信披质量问题，万福生科、欣泰电气等企业通过财务造假的方式实现了上市。也由于信披质量问题，沪深股市频频出现新股业绩快速、大面积"变脸"的现象。这对于提高上市公司质量无补，对于维护投资者利益同样无补。

因此，注册制背景下的科创板企业信息披露，在强化监管的高压态势下，要让更多不符合定位、存在某些问题的企业知难而退，让更多不宜在科创板挂牌的企业撤回申请材料。只有如此，科创板企业质量才会有所保障。

Analysis of the Causes of the American Financial Crisis

Liu Ruihua，Wang Wei，Dang Chengyuan

（Hei Long Jiang Province School of Administration）

Abstract: The US subprime mortgage crisis began in March 2007 and the US financial crisis broke out in 2008. The impact of the US financial crisis spread from American financial market to global financial market，and penetrated from the virtual economy to the real economy，eventually leading to a global financial crisis. The reason for the financial crisis in the United States lies in the improper real estate policy and loose monetary policy in the United States. Neoliberalism has led to excessive liberalization of the financial industry，excessive virtualization of the economy，the deviation from the real economy and the lack of financial supervision. Through the study of the causes of the US financial crisis，drawing on the exiting theory and methods，we have a comprehensive grasp and understanding of the US financial crisis and obtain some useful enlightenment for China's economic construction and prevention of financial crisis.

金融基准及其衍生品分层分类监管的欧洲经验及启示

宋　澜

（上海证券交易所资本市场研究所）

摘要： 自伦敦银行间拆借市场利率（Libor）被操纵，全球基准改革如火如荼。根据 2016 年《欧盟基准条例》(EBR)，"基准"是将一种或多种资产的价值或价格，通过公式计算或其他提取方式进行编撰，向公众公布或付费可得的任何费率（rate）、指数（index）或数字（figure）。《欧盟基准条例》不仅是迄今为止最全面的有关基准的成文法律，涉及基准的来源数据、生成编制、衍生品开发与整个链条中各方责任等方面；而且《欧盟基准条例》确定了豁免适用的范围，并以重要性等为依据，制定了详细的分类原则，配之以不同的监管方案。其实，早在 2014 年，英国就展开旨在规范金融一级市场行为的"公平及有效市场审查"，最终将固定收益、货币及商品市场中的 7 个关键基准列入监管范畴。相较之下，中国尚未明确各类基准的监管框架，基准衍生品的运用逻辑也混沌不清。欧洲对金融基准强制与谦抑相结合、管制与激励相衔接的监管模式值得探讨。

2012 年 6 月，伦敦银行间拆借市场利率（Libor）操纵丑闻爆发。[①] 在大西洋两岸的监管部门调查 Libor 案时，截获了大量的数据终端，通过分析交易员间的即时信息，监管部门发现涉案银行不仅操控了 Libor 价格，在外汇市场也组成了卡特尔联盟：全球外汇现货市场最广泛使用的 "WM/R 汇率"（由 World Markets Company 和 Thompson Reuters 公司联合发布）也遭受了人为干预。[②] 同时，黄金（伦敦黄金 London Gold Fix 指数）[③]、石油（北海布伦特原油 Brent Oil 基准）[④]、铝[⑤] 等诸多市场亦发生了信任危机。2017 年 7 月 27 日，

[①] 事件肇始于 2012 年 6 月 26 日、27 日，美国司法部（DOJ）、美国商品期货交易协会（CFTC）、英国金融服务监管局（FSA）先后公布的各自与巴克莱银行集团的不起诉协议。随后 8 月 18 日，英国众议院公布首份针对该事件的报告：Fixing LIBOR：Some Preliminary Findings，Second Report of Session 2012-13。

[②] *In re Foreign Exchange Benchmark Rates Antitrust Litigation*，2015 WL 363894，S.D.N.Y. January 28，2015.

[③] 2015 年 3 月，由于操控黄金市场价格及长时间内控失败导致客户损失，英国金融行为监管局（FCA）对巴克莱罚处 2600 万英镑的罚款。实际上，巴克莱涉案交易员丹尼尔·詹姆斯·普伦基特（Daniel James Plunkett）是在 2012 年 6 月监管当局因 Libor 丑闻对巴克莱实施惩罚后的第二天操控金价的。可谓屋漏偏逢连夜雨。详见 Financial Conduct Authority，*"Barclays Fined £26m for Failings Surrounding the London Gold Fixing and Former Barclays Trader Banned and Fined for Inappropriate Conduct"*，Press Release，March 24，2015. 浏览网址：https://www.fca.org.uk/news/barclays-fined-26m-for-failings-surrounding-the-london-gold-fixing，2016 年 12 月 25 日。

[④] *In re North Sea Brent Crude Oil Futures Litig*，1：13-md-02475，S.D.N.Y..

[⑤] *In re Aluminum Warehousing Antitrust Litig*，No.13-md-2481（KBF），2014 WL 4277510，S.D.N.Y. August 29，2014.

英国金融行为管理局（FCA）总裁安德鲁·贝利（Andrew Bailey）宣布，从 2021 年起不再强制要求 Libor 报价行开展报价，届时 Libor 将退出历史舞台。国际金融市场正经历着轰轰烈烈的定价基准改革。

反观国内，探索金融基准供给及管理制度改革亦已刻不容缓。我国基准在市场化及国际化、在实现公允性及稳定性、在实现区域乃至全球范围内的辐射带动能力等诸多方面存在不足。同时，以中国人民银行、中国证监会为代表的中央监管机构对各类基准及挂钩基准的产品的上市实行严格的管控，这对于保证金融稳定、防范系统性风险有积极的意义。但随着改革进入深水区，上述模式无疑遏制了指数的供给、市场的创新以及建设国际金融中心的进程。对此，精细化管理定价基准的矛盾已非常突出。

总之，鉴于外部环境与内在需求的叠加效应，笔者深感介绍国际社会对金融基准的最新规定、提升中国定价的话语权具有重要意义。

一、"金融基准"的概念与厘清

术语是认识现象和构建制度的切入点，其不仅要标识现象本质、统摄基本类型，还应反映体系理念，引领制度建构。本文最核心的一组概念是基准（Benchmark）与指数（Index）。《现代汉语字典》对"基准"的定义是：测量时的起算标准，泛指标准。《立信英汉财会大词典》对"基准"的解释是：可以作为数据比较基础的某一特定时期的实际经验数据。例如，企业实际调查数据。相较之下，我们对"指数"似乎更为熟悉，比如沪深 300 指数、居民消费价格 CPI 指数。"指数"是统计中反映各个时期某一社会现象变动程度的相对数，通常与报告基期的数值相对比。[①] 经济工作中常用的指数有生产指数、物价指数、生活费指数、货币购买力指数等。一些通识类文献对基准与指数进行了宏观上的描述。然而，在金融市场中，"基准"与"指数"需要更准确的界定。

（一）基准的定义及范畴

2016 年 6 月 8 日，欧盟通过了《关于在金融工具和金融合约中使用指数作为基准或以之衡量投资基金表现的条例》[②]（简称《欧盟基准条例》，EBR），其第 3 条第 1 款（3）项对"基准"的定义是：将一种或多种资产的价值或价格，通过公式计算或其他方式，周期性或不间断地向公众公布或付费可知的任何费率、指数或数字，可能是评估的、预测的价值或真实的交易价格。[③]

---

① 指数最明显的特征是其计算一般有个基期数值，比如上证 50 的基日是 2003 年 12 月 31 日，我国 CPI 的计算以 1995 年的物价水平为基数；而基准则没有。

② Regulation（EU）2016/1011 of the European Parliament and of the Council of 8 June 2016 on Indices used as Benchmarks in Financial Instruments and Financial contracts or to Measure the Performance of Investment Funds.

③ Art.2（39），Regulation（EU）No 600/2014 of the European Parliament and of the Council of 15 May 2014 on Markets in Financial Instruments.

EBR 对"指数"也给出了明确的定义。"指数"是任何符合下列条件的数字：

（1）向公众公布，或通过其他渠道可以获悉；

（2）持续性地通过下列方式得出：

① 完全或部分通过公式或其他方法计算或评估而得的；

② 基于一种或多种价格或基础资产的价值，包括预测的价格，预测或真实的利率、报价及承诺的报价，或者其他的调查或价值。^①

2014 年欧盟《金融市场条例》（MiFIR）第 2 条第 39 款对"基准"给出了类似的定义。同时，欧盟在公布 MiFIR 的一个月后，于 2014 年 4 月 16 日修正了其 2003 年原有的《市场滥用条例》（Market Abuse Regulation）。MAR 2014 第 3 条第（29）款对"基准"的定义似乎更直接：基准是费率、指数或数字，可用于决定金融工具的价值或应交割金额。^②

英国《2012 金融服务法案》（Financial Services Act 2012）对"基准"的定义与上述文件一致，但在界定"基准"的用途上更为清晰：（1）在借贷合同或其他投资协议中，决定待支付的利息或其他待结清的余额；（2）决定资产的价值；（3）衡量投资的表现。

---

① EBR 第 3 条 1 款（1）项。

② Regulation（EU）No 596/2014 of the European Parliament and of the Council of 16 April 2014 on *market abuse*（*market abuse* regulation）and repealing Directive 2003/6/ EC of the European Parliament and of the Council and Commission Directives 2003/124/ EC，2003/125/EC and 2004/72/EC Text with EEA relevance，http://eur-lex.europa. eu/legal-content/EN/TXT/?qid=1527318978712&uri=CELEX：32014R0596，2018 年 5 月 26 日。

我国尚且缺乏系统分析金融基准的文献，唯一一本翔实介绍Libor 操纵事件及影响的著作是中国人民银行编撰的《金融基准：LIBOR 改革引发的全球博弈》一书。该书使用了"金融基准"一词 ①，对本文的研究有很大启发。然而，本文所谓的"金融基准"（Financial Benchmark）最直接的出处源于 2013 年国际证监会组织（IOSCO）对金融基准原则的数份报告 ②，不仅包含利率基准，还涉及外汇基准、黄金基准、石油基准等。

（二）基准与指数的关系：基准是指数的应用

其实，《欧盟基准条例》的全称已经很好地阐释了指数与基准的关系：指数本不是基准，指数一旦被援引便成了基准。所以，基准是指数的运用场景。具体而言，（1）指数是基准的一种细分类别。基准除了指数，还包括其他形式的费率或数字；（2）当一种指数被金融产品或金融协议引用、以决定待支付的金额或决定产品的价值，或用以判断某类投资行为的回报率、资产组合等情况时，指数便成了基准。比如，我们用罗素 3000 指数来衡量美国 3000 家最大市值

---

① 纪志宏、雷曜：《金融基准：LIBOR 改革引发的全球博弈》，机械工业出版社2015 年版。

② 2013 年 7 月 IOSCO 发布《金融基准原则（最终报告）》(The Board of the International Organization of Securities Committees, *Principles for Financial Benchmarks*)；随后在 2015 年、2016 年、2017 年及 2018 年的每年 2 月份持续公布《金融基准原则（最终报告）》的落实情况、WM/r 汇率基准的专项报告及使用金融基准的注意事项等。http://www.iosco.org/library/pubdocs/pdf/IOSCOPD409.pdf；http://www.iosco.org/library/pubdocs/pdf/IOSCOPD415.pdf，2018 年 5 月 22 日。

的公司股票的表现。又如,如果有 ETF 基金跟踪上证 50,那么此时上证 50 就不再是指数,而成为跟踪上证 50 的股指型基金计算净值的基准。

既然基准与指数是包含与被包含的关系,那么为什么一定要强调"基准"的概念?这是因为,指数是否被援引,其法律关系是极为不同的。基准从生成、使用到监管,涉及基准的发布者、基准的使用者及基准的监管者,涉及各个主体适格性及权责关系的讨论;仅生成基准就又涉及数据采集、获取、提炼、加工、交易、应用等各个环节。总之,基准关乎恰当的计算方法、关乎基础信息的来源、关乎发布的频率,以及管辖上述所有要素的程序或规则;而指数倘若没有成为协议确定待支付余额的对标或标准化产品确定产品价值的依据,也就不会成为本轮金融危机后国际金融市场翻云覆雨的焦点。

二、操纵与监管

信息偏在促成做市商对金融基准的操纵,严重的市场失灵要求国家权力介入。良法之治不但依赖于法律规则,还依赖于执法机制。我们对基准操纵不仅要建立健全的规则,还必须有适格的执法机制、恰当的行政权分配,以保证法律以合理的成本、准确且迅速地认定违法行为,从而获得最大程度的遵守。每一次监管内容的变化,都渗透着成本与效益的考量，体现着安全与创新的权衡，充斥着各国间的监管竞技，以及社会整体利益与部分成员利益的博弈。

（一）监管的强制性：明确基准为监管对象

自 Libor 事件开始，国际社会对基准的稳健性进行了卓有成效的改革。当 FCA 的 CEO 被问及为何花费了如此长的时间才发现了汇市的不当行为时，安德鲁·贝利坦言，即期汇率交易并不是我们传统上的监管对象。国际清算银行每隔三年才会在各中央银行的协助下，统计一次外汇市场的总体数据。对于非监管市场，我们尚缺乏规律性的报告，因而没有审查的依据。[①] 所以，金融监管需要牙齿。

长期以来，国际金融基准不受监管机构的直接管理。其原因是多重的。一方面，基准的编制者大致通常可以分为两类：一类是以道琼斯公司、标准普尔公司为代表的专业信息服务机构；另一类是 BBA 英国银行间协会、交易所这样的自律组织，或协会、交易所授权的金融数据服务商基于报价或场内交易产品而提供的各种指数，比如法兰克福证券交易所（Frankfurt Stock Exchange）的 DAX 指数、欧洲证券交易所（Euronext）的 CAC40 指数，以及纳斯达克证券交

[①] Press Conference, in Press Release, Fin. Conduct Authority, FCA Fines Five Banks fl.1 Billion for FX Failings and Announces Industry-wide Remediation Programme, Nov.13, 2014, http://www.fca.org.uk/news/fca-fines-five-banks-for-fxfailings, 2018 年 9 月 12 日。

易所的纳斯达克 100 指数。无论是哪种类型的主体，在编制指数时都不涉及公权力的行使，所以金融基准的供给通常属于自由市场的范畴。

另一方面，很多基准的基础交易，如即期外汇交易（Spot FX Trading），其本质上只是契约而不是金融工具。两个市场主体（通常是银行）协议以一种货币兑换另一种货币，并立即交割。至于交割的具体时间则可能是 T+1，也可能是 T+2，以两天后为常态。其间，地点、价格、数量之选择受控于市场主体的自由意志。再者，传统的观点认为，规模大、流动性强的市场，单个市场主体操纵的可能性微乎其微。事实证明这是错误的。2012 年至今，在轰轰烈烈的基准改革中，最为广泛的共识就是将基准纳入金融监管的范畴，并从理念、原则与规则上都进行了强化。

1. 树立监管标准，采纳 IOSCO 基准原则

基准操纵事件爆发后，IOSCO 对此给予了高度的关注。从目前英国及欧盟的改革举动来看，金融基准的监管标准基本遵循了 IOSCO 的建议。为了建立统一的行为标准、增强基准的真实性、可信度和监管力度，IOSCO 主张从管理框架、基准质量、编制方法、责任制度四大方面、19 个小方面衡量一个基准的品质，简称"IOSCO 原则"。①

根据 IOSCO，基准必须具备四方面的特质：代表性、透明

_____

① 当然，统一的框架标准也会基于不同基准的不同特性而决定不同的适用范围。

表 1　IOSCO 基准原则

管理框架健全	基准质量优先
• 基准编制者承担全面责任 • 基准编制者避免利益冲突 • 基准编制者健全内控措施 • 合理的股权与管理框架 • 独立第三方的参与和监督	• 基准设计 • 来源数据充分 • 来源数据分层管理（瀑布准则） • 基准判定过程透明可追溯 • 定期审核
编制方法科学	责任制度明悉
• 方法内容公开 • 方法变动公开 • 方案可移交 • 提交行为准则 • 数据收集采取内控措施	• 会计合规程序 • 审计 • 审计结果可追溯 • 与监管部门合作

度、可信任及可追责。[①]所谓代表性（representative），即基准能够清晰地向使用者传达出其试图测量的经济状况；所谓透明度（transparency），即使用者通过了解基准的生成机理、使用算法及数据输入，能够知道基准是怎么来的，又有着怎样的局限；所谓可信任（reliability），即构建基准的数据来源应当是充足且真实善意的；所谓可追责（accountability），即基准的提供者必须接受明确的管理和问责机制，从而保证基准的客观性、避免利益冲突。

2. 增强一级市场管理，英国推进"公平及有效市场审查"

英国在国际金融市场上仍然占据着重要的地位。比如，国际基准外汇交易在地域上呈现高度集中之势。国清银行的统计显示，全球五大金融中心占整体交易的比重就高达 75%：伦敦（41%）、纽约

---

① International Organization of Securities Commission, *Principles for Financial Benchmarks*, Final Report, FR07/13, Feb. 2013, 15—29.

（19%）、新加坡（5.7%）、东京（5.6%）、中国香港（4.1%）。① 也就是说，世界范围内超过 1/3 的外汇交易是在英国完成的。这也就不难理解为什么英国在以货币市场为代表的一级市场的改革中发挥着积极甚至主动的作用。

加强对以做市商为主体的一级市场的管理，是本轮金融危机后全球金融改革的重点之一。这是一项更新监管理念、弥补监管空白的创新之举。《多德—弗兰克法案》第七章第 701—774 条收录了《2010 年华尔街透明度和问责法案》的主要内容，将场外衍生品的市场主体分为交易商、主要参与者和最终用户等不同层次，加强了对交易商、主要参与者的管理要求，而对最终用户加以豁免。②

欧洲方面，2014 年 6 月，英国财政部、英格兰银行及英国金融行为监管局联合展开"公平及有效市场审查"（Fair and Effective Markets Review，FEMR），共同研究如何规范金融一级市场的行为准则。③FEMR 将目光集中在固定收益、货币及商品，以及 FICC 市

---

① Bank of International Settlements，Triennial Central Bank Survey：Foreign Exchange Turnover in April 2013；Preliminary Global Results 8，2013.

② 鲍晓晔：《场外衍生品市场法律监管制度研究》，华东政法大学 2014 年博士论文。《多德—弗兰克法案》在定义 CFTC 管理的契约型互换交易商（contract-based swap dealer）和 SEC 管理的证券型互换交易商（security-based swap dealer）时，采用了列举加概况的方法，包括：（1）在互换交易中，自称为交易商；（2）做市商；（3）为自营账户经常性与对手方达成互换（或证券互换），并以此为业；（4）从事的业务使其在行业中被普遍认为是交易商或做市商。

③ 见 FCA 官网，https://www.bankofengland.co.uk/markets/fair-and-effective-markets.

场中。最终决定首先选取下列 7 个基准列入的监管范畴：

（1）英镑隔夜拆借平均指数（Sterling Overnight Index Average，SONIA）；

（2）隔夜回购平均指数（Repurchase Overnight Index Average，RONIA）；

（3）WMR 即期汇率伦敦下午 4 点收盘［WM/Reuters（WMR）4pm London Closing Spot Rate］；

（4）国际互换及衍生品协议价格（International Swaps and Derivatives Association Fix，ISDAFIX）；①

（5）伦敦金基准（London Gold Fixing Benchmark）；

（6）伦敦金银市场协会之白银价格（LMBA Silver Price）；

（7）洲际交易所布伦特原油基准（ICE Brent）。

上述 7 个基准经过了严格的筛选，并都具有以下特征：（1）系统重要性。上述基准涉及利率、汇率、衍生品、贵金属及石油，都是 FICC 市场运用广泛，对一级和二级市场的投资者都具有深远影响的重要标杆。（2）基础交易市场尚处于监管空白。在英国"公平及有效市场审查"的效力下，很多不受监管的领域进入了监管者的视域。以即期外汇市场为例，虽然外汇交易在全球范围内全天候不间断地运作，但并没有一个全球性的机构管理或者协调管理相关事宜。如今，为了购买某种受监管的金融工具（如债券）而兑换货币，

---

① 2015 年 4 月更名为 ICE Swap Rate，洲际交易所互换费率。

或者操纵即期交易影响了受监管的外汇衍生品或外汇基准的价格，都已经进入了监管的范畴。[①] Spot FX 虽然不是一个传统意义上受监管的市场，但并不代表该市场中可以执行更低的行为标准，也并不代表其不是监管者的关切。

在监管职能分配上，改革后的英国基准监管体系由英国中央银行英格兰银行和 FCA 共同实施。2012 年，英国修订《金融服务与市场法案》(Financial Services and Markets Act)，明确金融服务局（FSA）对 Libor 报价和运营行为的监管权力，并授权 FSA 对操纵或试图操纵 Libor 的行为提起诉讼。本轮金融危机以后，在英国建设金融双峰监管的改革中，FSA 一分为二，对 Libor 的直接监管改由金融行为监管局（FCA）负责。英格兰银行对金融市场的介入主要集中于执行货币政策、保证金融稳健。[②] 介于 2021 年将停止 Libor 的强制报价而代之以英镑隔夜拆借平均指数作为市场利率基准，直接监管英国金融行为监管局。

虽然"公平及有效市场审查"只是英国的国内改革，但是由于英国在金融基准一级市场上的显著地位，上述在英国产生的汇率、衍生品、贵金属及石油基准实则是国际 FICC 市场的定价指标。英国的国内法也可以看作金融基准领域法律规制的风向标。

---

① 见 FCA 市场政策司司长埃德温·斯库林·拉特（Edwin Schooling Latter）的介绍，*Conduct risk in FX markets*，https://www.fca.org.uk/news/speeches/conduct-risk-fx-markets，2018 年 9 月 11 日。

② 见英格兰银行官网：https://www.bankofengland.co.uk/markets/sonia-benchmark.

（二）监管的谦抑性：分层管理之欧盟经验

金融基准操纵是一种新型的、具有严重社会危害后果的市场操纵方式，所以欧盟对基准操纵做出了特别规范，这是世界首例。2013 年 9 月，欧盟委员会向欧盟议会及欧盟理事会提交了《关于在金融工具及金融合同中使用指数作为基准的监管立法建议》(以下简称《立法建议》)。[1]2016 年 6 月，上述《立法建议》经欧盟议会审议通过，《欧盟基准条例》[2] 问世。其大多数的条文已于 2018 年 1 月 1 日生效。鉴于在欧盟发布的基准不一定只局限于在欧盟国家交易和使用，所以 EBR 还有着相当的域外效力。因此，各主要资本主义国家已经掀起了学习 EBR 的热潮。[3]

《欧盟基准条例》的可圈可点之处甚多。这不仅是迄今为止最为全面的关于基准的成文法律，涉及基准、基准的来源数据、基准的生成过程、基准的编制与使用等各个方面；而且《欧盟基准条例》确定了自身不适用的范围，并以基准的重要性为依据，制定了

---

[1]　Proposal for a Regulation of the European Parliament and the Council on Indices Used as Benchmarks in Financial Instruments and Financial Contract，http://ec.europa.eu/internal_market/securities/docs/benchmarks/130918_proposal_en.pdf，2017 年 4 月 2 日。

[2]　Regulation on Indices used as Benchmarks in Financial Instruments and Financial contracts or to Measure the Performance of Investment Funds.

[3]　哈佛法学院公司治理和金融监管论坛的讨论：《欧盟金融市场基准监管及其美国影响》，https://corpgov.law.harvard.edu/2017/11/01/eu-financial-market-benchmark-regulation-and-us-impact，2018 年 9 月 20 日。

详细的分类原则，将基准分为三类，并配之以不同的监管方案。比如，为了防范系统性恐慌、只对关键基准实施强制供给要求。同时，为了更好地贯彻落实，《欧盟基准条例》还授权欧盟证券市场协会（ESMA）在数据提供者的内控程序、基准及算法的信息提供等方面构建更为精准的技术标准。总之，《欧盟基准条例》在保证基准真实、可信的同时，完美体现了监管的谦抑性。

1. 金融基准监管的除外情形与豁免特征

《欧盟基准条例》第3条表明了该条例的适用范围，包括"所有为了估值目的或被金融工具使用的"基准，以及基准来源数据的提供、基准的发布和使用过程。同时，第2条又将《欧盟基准条例》不适用的主体和情形进行了排除：

（1）所有的中央银行；

（2）为了衡量就业、经济运行及通胀等公共政策目的而发布的基准；

（3）中央对手方为了风险管理或结算目的而提供的参考价格或结算价格；

（4）报社或其他媒体在其新闻报道中公布或援引基准，但对基准的生成完全没有控制力；

（5）通过唯一报价渠道生成的大宗商品基准，且使用该基准的金融产品的总市值不超过1亿欧元；

（6）银行等金融机构为了评议客户的信用等级而内部使用的评估指标；

（7）基准提供者不知晓，在尽了合理注意义务后仍然不应当知晓基准被协议或金融工具援引时。

由此可以看出，属于监管范畴的基准至少具有如下特性：

（1）非公共目的性：对于中央银行制定、执行货币政策，以及政府机构公布的 CPI、GDP 等用于公共目的，或中央对手方等基于清算目的而制定和公布的数字、指数或费率不在监管序列之中。

（2）社会公开性：机构内部运行使用、不向公众免费公开或不对外销售的指标或指数，也不在监管序列之中。

（3）重要性与控制力：总市值不超过 1 亿欧元且交易数据可控的大宗商品基准可以豁免监管（基准的分层管理模式在下文将详细介绍）；同时，受监管主体对基准也应当具有控制力，如新闻报道中新闻记者对基准的单纯使用行为并不受到监管者的关注。

2. 关键基准、重要基准与非重要基准的三分法

为了避免监管资源的浪费，节约各方合规成本，《欧盟基准条例》采取了"量化标准"与"性质判断"相结合的分析方法，在第 20—26 条中以市场规模为主要依据，将基准划分了三个等级，不同层级的基准自然适用不同的监管方法。

第一，符合下列任何条件之一的，即为关键基准（critical benchmarks）。

（1）有市值超过 5000 亿欧元的协议，或产品援引或间接援引该基准；

（2）对于报价驱动型的基准，如果大多数报价机构都位于欧盟境内，且相关基准监管机构都认为其对于市场诚信、金融稳健及消费者保护具有显著影响；

（3）援引或间接援引该基准的市值在 4000 亿—5000 亿欧元之间，且市场上无其他替代品，且相关基准监管机构都认为其对于市场诚信、金融稳健及消费者保护具有显著影响。那么，对于这种在成员国家具有系统重要性的基准也应当被认定为"关键基准"。

可见，在"关键基准"的过程中，监管部门的认定非常重要。《欧盟基准条例》规定，当不同成员国监管部门的意见不一致时，基准管理者所在国的监管部门之意见占主导地位。同时，ESMA 还需对该主导意见进行评估。

同时，《欧盟基准条例》要求关键基准实施强制供给。关键基准的管理者如果意欲停止发布某一基准，那么该管理者应当：（1）立即通知其相关监管机构；（2）在通知后的 4 周内，就该基准是否 / 怎样移交给新的管理者还是停止发布提交评估报告。在相关监管机构接到上述通知后需要立即告知 ESMA 及其他监管机构（若有），且 4 周内其也需要就此事做出自己的评估。在所有的评估未完成及监管机构未达成一致意见时，监管机构有权强制要求基准管理者继续发布基准直至下列任一条件成就：

（1）该基准的供给事宜已经移交给新的基准管理者；

（2）该基准能够有次序地停止供给；

（3）该基准不再属于关键基准。

当然，上述过渡时期的强制供给一般不能超过 12 个月。如果在

1年内上述条件都未能达成，那么监管机构可以将强制供给的时间再延长12个月，总计不超过24个月。

第二，符合下列条件之一的，为重要基准（significant benchmarks）。

（1）直接或间接援引该基准的金融产品，或金融协议之市场规模达到或超过500亿欧元，且存续时间超过6个月；

（2）市场上没有或只有少量的替代性基准，且相关基准监管机构都认为其对于市场诚信、金融稳健及消费者保护有影响。

重要基准的编制者申请选择豁免适用《欧盟基准条例》的一些具体规定，但基准监管者在综合考量了该基准受操纵的可能性，来源数据的性质，利益冲突的层次，基准编制者主观判断的程度，编制者的规模及组织架构，基准生成过程中的属性、规模或复杂程度，援引该基准的金融产品、金融协议或投资基金的市场规模，基准在细分市场的影响力，对金融稳定的重要性等因素后，监管者有权最终决定重要基准的编制者是否免于一定的监管事项。

可选择的豁免事项包括：（1）基准管理部门与其他业务部门实行人财物的隔离、独立运作。（2）基准编制者的雇员或其他有劳动关系、派遣关系的人员，从事与基准生成有直接关联的职责时，应避免任何利益或商业上的关联；对于报价驱动型基准，应避免自身从事或代表他人从事买入、卖出等交易活动，除非基准的生成办法中有明确的要求；对于可能会影响基准价格的敏感信息，建立有效的机制、防止从事与基准生成有直接关联事务的雇员与其他雇员交流信息。（3）基准编制者要保证数据提供者建立有效的内控机制及审核程序。（4）建立完整的行为准则。

第三，不满足关键指数及重要指数标准的基准则为非重要基准（non-significant benchmarks）。

非重要基准的一个重要特征就是可替代性强。因此，对非重要基准主要侧重于透明度的管理，保障使用者在知情的情况下做出合适的选择。有关基准来源数据、算法，以及上报制度的规定，都不适用于非重要基准。

大多数自有指数（proprietary index，非商品或利率的自有指数）可能被归类为非重要指数，因而不会受到过严的监管。同时，为保证基准计算方法的透明性，欧盟委员会授权 ESMA 制定"监管技术标准"，从而允许基准使用者能够有足够详细的信息明白该基准如何生成，明白该基准在多大程度上能够满足其自身需求。而 ESMA 对于非重要基准则无需设计上述"监管技术标准"。又如，为了保证来源数据的适当性、可靠性，ESMA 对于基准监管者和来源数据提供者也会制定监管的技术标准，而这些要求对非重要基准同样也不适用。

三、借鉴与超越

根据上文的分析，本文建议立足基准本身属性的分析，更新基准产生的体制机制，从而梳理出更为科学的基准运用体系，建立更为公正的基准管理制度。

（一）淡化中央监管机构对非基础设施类基准的审批

2016 年《欧盟基准条例》对金融基准分类管理的经验，对于提升我国基准及其衍生品的精细化管理水平有着积极的意义。本文建议，对于市场份额不大、可替代性高、对系统稳健无显著影响的基准及其衍生产品，中央监管机构应研究放松管制，释放交易所及市场主体的供给激励。我们应当乘势研究制定详细的基准分层标准，为基准衍生品的开发运用争取宝贵的制度空间。如拟从重要性（援引或间接援引基准的协议及产品的市场价值，是否有其他替代品，对市场诚信、消费者保护等是否具有显著影响）、公允性（数据是否来源于经认证的交易所或多边交易设施等）、稳定性（平均真实波幅、变动速率、与其他指标的关联）等多个维度确定基准的监管与豁免范围，构建我国金融基准的评级指标。

从"基础设施"到"商品"的演化并非没有先例。2007 年，美国联邦判例法[①]认为，纳斯达克 100 指数的主要作用是促进交易、营造市场，而并非保护投资者。所以，该指数是一种"商品"，而不是美国证券业协会的"市场管理手段"。随后，2008 年，SEC 通过证券法通告（Exchange Act Release No.58666，Oct.3，2008）进一步确认，纳斯达克股票市场对相关指数的发布与服务并不是"全国证券交易"的"基础设施"（facility），因此其指数的计算与传播无需

---

① *In Opulent Fund*，*L.P. v. NASDAQ Stock Mkt.*，No.7-2683，2007 U.S. Dist. LEXIS 79260，N.D. Ga. October 12，2007.

SEC 的批准。又如，除却本文第二部分提到的对基准的"三分法"，《欧盟基准条例》在很多方面都体现了抓放结合、张弛有度的考量。《欧盟基准条例》规定，如果来源数据是经 MiFID 认证的交易所、多边交易设施等提供的，那么则可以被"合格数据基准"（regulated-data benchmark）、享受来源数据审查等方面的监管豁免。

当然，确认基准的"商品性"，对于交易所及金融信息机构编撰基准、推出产品提出了更高的要求。因为，此时在这一问题上的交易所，从理论上说可能已无法再适用自律监管豁免原则（SRO Immunity），避免直面民事诉讼的风险，则必须要事前评估。

（二）丰富跟踪基准的衍生产品，拓展"中国基准"的运用场景

以基准定价的金融产品的丰富及活跃程度，决定了基准的生命力。制度的有效实施，依赖外部强制力的威慑，更依赖激励的内发作用，调动各方积极性，此即"激励相容"。深化"中国基准"的影响力，可以从两方面着手。一方面，设计恰当的监管激励，有甄别地借鉴国际社会在指数管理方面的监管经验，形成风险可控的监管红利。比如，美国证券监管委员会（SEC）就规定，外汇交易基金如果引用了共同基金指数（Mutual Fund Index），因为估值较为确定，就可以获得很大程度上的监管豁免。例如，在一定规模范围内不用备案，或不用提交年中财务报告等。

另一方面，丰富以中国基准定价的金融产品种类，加强指数化

投资。我国在开发挂钩 Shibor、CFETS、上海金等其他基准的衍生品时显得分外保守，且集中于资产端。股票行情数据现有的运用较为纵深 ①，相较之下，非证券类基准的运用场景则十分单调。很多银行只持有大量以 Shibor 计息的浮息债券，自然希望 Shibor 升高以提高资产收益。再如，"上海金"是全球首个以人民币计价的黄金基准价格，参与交易的机构或个人投资者可以直接以实时的"上海金"价格完成交割，这在国际上也是屈指可数的。但"上海金"在纵深上的影响还略显薄弱，铂金等相关价格标准还有待形成。因此，如何加强 ABS、CDR 等市场发展的顶层设计，平衡资产端与负债端的产品配置；如何借着资管新规契机，推动扩大各类基准在资管行业的应用，都是上海自贸区可以大胆地先行先试的领域。

（三）以"大数据全样本"的思维来审视现有的基准构建，避免抽样数据、局部数据和调查数据

基准以数据的形式呈现，金融基准是典型的数据商业化运用。20 世纪 80 年代，跨国银团贷款盛行，国际社会对公允基准利率的需求异常迫切。Libor 的诞生与推广摆脱了对过去经验、理论和假设的依赖，减少了猜测与分歧。但现有的基准或是人工统计的核算数据，或是普遍采用以样本为纲的调查数据。"以收市价做盘"（Market-On-Close，MOC）是现存众多基准的生成方法。我国金融

① 吴琼、邹露、陈亦聪：《证券指数权益保护的法理逻辑与政策脉络——美国市场若干典型案例分析》，载《证券法苑》（2018）第二十四卷。

期货交易所以每个交易日收盘前两小时的交易数据汇总编撰上证50、沪深300等证券指数；普氏能源资讯以每个交易日收盘前、伦敦时间下午4点到4点半这半个小时的窗口期计算布伦特原油基准。

现代数字处理方法的推广使我们认识到这是一种人为的限制，高性能且成本可控的数字技术使基准的全样本化成为可能。本文主张，除报价驱动型的基准外，其余基准均应以时间序列抓取真实交易数据。同时，可以参照欧盟《关于在金融工具及金融合同中使用指数作为基准的监管立法建议》(2014 O.J.L 173)，将市场参与者公开交易数据的比例与获得市场准入资格的程度联系起来，从而保证数据的"流动性"和"可获取性"。

European Experience and Enlightenment of Financial Benchmark and the Stratified Classification Supervision of Its Derivatives

Song Lan

（ Shanghai Stock Exchange ）

Abstract: Since the London Interbank Offered Rate（LIBOR）has been manipulated，global benchmark reform has been in full swing. According to the *European Union Benchmark Regulation*（EBR）2016，benchmark refers to any published or paid rate，index or figure that is compiled by the value or price of one or more assets, calculated by formulas, or otherwise extracted. The *European Union Benchmark Regulation* is not only the most comprehensive written law on benchmark so far, involving the source data, generation and preparation of benchmark, derivative development and responsibilities of all parties in the whole chain, but also determines the scope of exemption application, and the based on the importance, it has formulated detailed classification principles and different regulatory schemes. In fact, as early as in 2014, the UK launched a "fair and effective market review", aimed at regulating the behavior of financial primary market, and finally listed seven key benchmarks in the fixed income, currency and commodity markets into the regulatory scope. In contrast, China has not yet defined the regulatory framework for various benchmarks, and the logic of the use of benchmark derivatives is also unclear. European financial benchmark regulatory model of combining coercion with modesty, regulation with incentives is worth exploring.

民粹传统、债务周期与阿根廷百年经济停滞

李辉文

（中共福建省委党校、福建行政学院）

摘要：考察阿根廷一个世纪以来公共债务演化和违约史，发现其债务周期与民粹主义周期高度吻合。偏左民粹主义偏好高福利社会政策，导致政府赤字和债务膨胀。偏右民粹主义偏好自由化、全球化，政府放任外债增长乃至不可持续，最终出现外债违约。民粹主义最终会伤害支持它的中下层劳工阶级，引发恶性通货膨胀、货币大幅贬值，加大收入差距，这是造成阿根廷经济长期停滞的重要制度因素。

一、导　言

2019年8月12日，阿根廷遭遇"黑色星期一"，股债汇三市崩

盘。2017 年发行的"百年债券"下跌超过 20%[①]，比索兑美元最深跌36%，主力股指一度跌 38%，创史上最大日跌幅，该国未来五年发生债务违约的可能性飙升至 72%。导火索是总统马克里承认初选失利，偏左民粹主义者阿尔韦托·费尔南德斯（Alberto Fernández）可能会上台。费尔南德斯反对财政紧缩政策，提出向退休人员提供免费药品，为普通工人提高工资等。如果费尔南德斯当选，政府的预算赤字、公共债务可能会再度膨胀，甚至出现对所有外债违约，从而危及 IMF 对于阿根廷的经济援助。

市场又闻到了熟悉的味道，想起 2001 年阿根廷政府债务违约事件。如果把时间拉回到 100 年前，阿根廷曾是一个非常成功、富庶、美丽的国家。受益于丰富的自然资源、高素质的人民、多元开放的经济，阿根廷曾经在拉丁美洲国家中一枝独秀，很早就步入发达国家行列。当时欧洲甚至流行一句谚语，对暴发户叫"富得像个阿根廷人"。1913 年，阿根廷的人均收入高于法国和德国；第二次世界大战前它是与美国并列的西半球发达国家，GDP 全球第八；甚至在 1950 年，阿根廷的富裕程度仍领先于日本，与意大利、奥地利、德国大致相等。然而，从 20 世纪 50 年代开始，阿根廷每况愈下。

如图 1 所示，20 世纪初，阿根廷人均 GDP 水平是美国的80%，之后一路下滑，最近有所好转，也仅占美国 35%。与之成鲜

---

① 2017 年 6 月，阿根廷通过私人配售发行 100 年期的美元计价国债，其债券收益率为 7.9%，共筹资 27.5 亿美元。

明对比的是，一开始拉丁美洲地区平均人均GDP占阿根廷比重只有28%，现在已经上升到72%。20世纪90年代，对于日本来说是"失去的10年"，而对于阿根廷来说，整个20世纪就是它"失去的100年"。

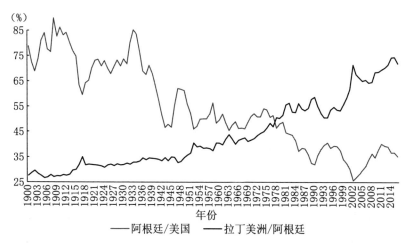

注：以2011年美元计价。比例经作者计算。

资料来源：Maddison Project Database，version 2018. Bolt，Jutta，Robert Inklaar，Herman de Jong and Jan Luiten van Zanden（2018）。

图1 阿根廷人均GDP与美国之比和拉丁美洲人均GDP与阿根廷之比

在20世纪中，政变的军人威权政府和民粹主义政府轮流上台，不负责任的财政政策伴随的是高通货膨胀和连续的经济危机。20世纪80年代是阿根廷恶性通货膨胀持续肆虐的10年。在1989年的恶性通货膨胀中，当年的物价增长率超过了5000%。1824—1999年期间，阿根廷有26%的时间处于债务违约或债务重组的状态，共出现8次主权债务违约。经济学家肯尼斯·罗格夫（Kenneth Regoff）和卡门·莱因哈特（Carment Reinhart）把这种现象称之为"系列违约者"。① 有意思的是，1950 年以前，阿根廷只出现 2 次违约，在整个拉美乃至西方发达国家中都是最少的。但是自 1950 年以来，违约次数上升，出现连续性违约，6 次也是所有国家中最多的。历史的逻辑告诉我们，20 世纪 50 年代是一个切入点，当时民粹主义者胡安·多明戈·贝隆（Juan Domingo Perón）将军上台，之后民粹主义就一直占上风，以致 2007 年正义党贝隆主义者克里斯蒂娜·基什内尔（Cristina Krichner）接替其丈夫成为阿根廷历史上第二位女总统时，人们自然会想到第一位女总统贝隆夫人。②

这些现象的再现不禁让人深思一个问题：它们背后是否存在着一个稳定共享的制度逻辑？社会学家查尔斯·蒂利（Charles Tilly）在谈及政治过程背后的动态机制时有如此描述：这些机制过程是一些重复再现的动因，它们在不同的情形和次序排列组合中相互作用，从而导致相去甚远但又有迹可查的结果。③ 一个国家的运行过程、解决问题的能力与方式、应对危机的抉择、国家与社会的关系，都是建立在一系列制度设施之上的。这些稳定的制度安排塑造了解决问题的途径和方式，诱导了相应的微观行为，从而在很大程度上规定了实属宿命般的后果。

本文其他内容安排如下：第二部分，对公共债务作国际比较，

---

① ［美］卡门·M. 莱因哈特、肯尼斯·S. 罗格夫：《这次不一样：八百年金融危机史》（珍藏版），綦相、刘晓锋、刘丽娜译，机械工业出版社 2012 年版。

② 内斯托尔·卡洛斯·基什内尔，阿根廷政治家，2003—2007 年间任阿根廷总统。2007 年底，他的妻子克里斯蒂娜也当选为阿根廷总统。

③ 周雪光：《中国国家治理的制度逻辑》，三联书社 1997 年版。

发现并不是债务规模，而是债务结构（短期债务）引起债务违约；第三部分，从历史视角分析债务与民粹主义相互作用的动态过程；第四部分，从制度视角分析阿根廷政府为什么会选择民粹主义性质的宏观政策；最后是启示与教训。

二、公共债务的国际比较

从纵向比较看，在拉美国家中，阿根廷在新兴与中等收入国家中公共债务占 GDP 比率（以下简称"公共债务率"）并不高（见表1）。以 2019 年为例，拉美国家的平均债务率高达 70%，略高于阿根廷。巴西公共债务率 90.4%，则高于阿根廷。

表 1　新兴与中等收入国家政府公共债务占 GDP 比率（%）

年份 国家	2010	2011	2012	2013	2014	2015	2016	2017	2018	2019	2020	2021
阿根廷	43.5	38.9	40.4	43.5	44.7	52.6	53.1	57.1	86.3	75.9	69.0	65.1
巴西	63.1	61.2	62.2	60.2	62.3	72.6	78.3	84.1	87.9	90.4	92.4	94.1
匈牙利	80.2	80.5	78.4	77.1	76.6	76.6	75.9	73.3	69.4	66.6	65.0	63.5
墨西哥	42.0	42.9	42.7	45.9	48.9	52.8	56.8	54.0	53.6	54.1	54.5	54.5
菲律宾	49.7	47.5	47.9	45.7	42.1	41.5	39.0	39.9	39.6	39.1	38.5	37.9
南非	34.7	38.2	41.0	44.1	47.0	49.3	51.5	53.0	56.7	57.8	59.8	61.8
泰国	39.8	39.1	41.9	42.2	43.3	42.6	41.8	41.9	42.1	41.5	41.8	42.3
土耳其	40.1	36.5	32.7	31.4	28.8	27.6	28.3	28.3	29.1	29.9	28.3	28.1
乌克兰	40.6	36.9	37.5	40.5	70.3	79.5	81.2	71.9	63.9	62.0	57.9	53.8

（续表）

年份 国家	2010	2011	2012	2013	2014	2015	2016	2017	2018	2019	2020	2021
平均	38.3	37.5	37.5	38.7	40.8	43.9	46.8	48.5	50.8	53.4	55.1	56.8
亚洲新兴国家	40.4	39.8	39.8	41.5	43.6	44.8	47.2	49.4	52.0	55.5	58.2	60.7
欧洲中等收入	28.3	27.0	25.7	26.6	28.7	31.0	31.9	30.2	29.4	29.6	29.4	29.6
拉美新兴国家	48.7	48.7	48.8	49.5	51.5	55.1	58.8	62.6	69.5	70.0	70.0	70.0
G20（新兴）	39.1	38.0	37.6	38.7	41.1	44.0	46.8	49.0	51.5	54.6	56.9	59.0

注：2019—2021 年数据系预测值。经作者整理。

资料来源：Bloomberg Finance L.P.；Joint External Debt Hub，Quarterly External Debt Statistics；national authorities；and IMF staff estimates and projections.

在表 2 中的结构性财政指标中，阿根廷融资需求高出平均值，但是无论是 2007 年危机前还是危机后，一般财政赤字占 GDP 比重均远远小于平均值，甚至是样本国家中最低的。表 2 中，有两个数据需要引起注意：（1）利率与 GDP 增长率之差。阿根廷为 13.2%，是平均值 3 倍左右，说明阿根廷的利率水平远高于其经济增长率。"8·12"事件后，阿根廷银行同业拆借利率飙升至 90%—120%。（2）非居民持有政府债券比率远高于平均水平，说明三分之一的政府债券由外国居民持有，外债占比高。

进一步，从币种结构和期限结构看，阿根廷在样本国家中也属于前列。从币种结构来看，阿根廷、菲律宾、土耳其、乌克兰等国外币债务占比均达到 90% 以上（如图 2 所示）。美元升值，其面临

表 2　新兴和中等收入国家的结构性财政指标

	2019 年融资需求，%GDP	预计 2019—2024 年利率与 GDP 增长率之差	2000—2007 年一般赤字率，%GDP	2019—2024 年预计一般赤字率，%GDP	非居民持有政府债券比，2018 年
阿根廷	15.3	13.2	−0.2	−1.4	35.4
匈牙利	15.5	2.2	−6.4	−1.9	37.6
墨西哥	10.1	−1.7	−2.0	−2.4	31.0
菲律宾	4.3	3.7	−2.4	−1.6	25.4
南非	14.0	−0.5	−0.6	−5.0	32.6
泰国	5.4	2.1	−0.4	−0.8	12.3
土耳其	7.1	1.7	−5.9	−3.3	41.4
乌克兰	8.1	4.5	−2.4	−2.1	48.1
平均	10.3	3.7	−1.1	−4.4	16.3
G20 新兴国家	9.4	3.6	−1.9	−4.9	13.3

资料来源：作者根据 Joint External Debt Hub，Quarterly External Debt Statistics；national authorities；and IMF staff estimates and projections 计算整理。

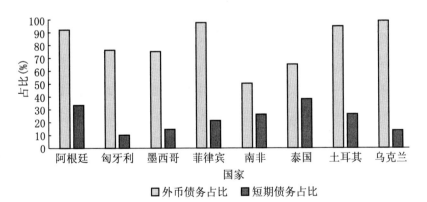

资料来源：IMF.

图 2　部分新兴市场国家外币和期限结构（截至 2019 年 3 月底）

偿债和本币贬值压力将显著加大。从期限结构来看，阿根廷、南非、土耳其、泰国等国的短期外债占比超过 30%，存在短期偿债压力和一定的流动性风险。

再从债务保障程度来看，阿根廷爆发债务危机程度显著上升。尽管阿根廷、菲律宾、土耳其、乌克兰外债比率相差不大。但是墨西哥、菲律宾、泰国等国家拥有充足的外汇储备，外汇储备对短期外币债务的覆盖倍数达到 3 倍以上，而阿根廷覆盖倍数却不足 1 倍（如图 3 所示），只能更多依靠短期债务展期来满足偿债需求。一旦市场流动性逆转，展期风险立马凸显。

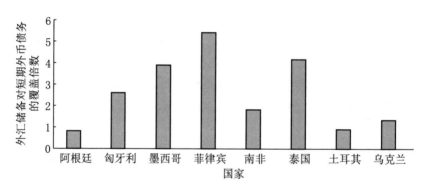

资料来源：IMF.

图 3　部分新兴市场国家短期外币债务保障程度（截至 2019 年 3 月底）

因此，尽管阿根廷政府赤字以及债务规模不大，但是其短期外币偿债压力较大，加上外汇储备不足，一旦全球融资环境发生变化或本国货币出现大幅贬值，其爆发债务危机的可能性将大幅上升。

三、公共债务率的动态演化

要理解一国公共债务动态变化，必须结合财政政策和货币政策。在托马斯·萨金特（Thomas J.Sargent，1986）财政预算恒等式基本基础上，结合货币真实需求函数、真实汇率的一价定理以及债务上限，作为我们理解阿根廷公共债务的动态演变。[①]

$$
(\theta_t^n - \theta_{t-1}^n) + (\theta_t^r - \theta_{t-1}^r) + (\xi_t \theta_t^* - \xi_t \theta_{t-1}^*) + (m_t - m_{t-1}) +
$$

$$
m_{t-1} \left(1 - \frac{1}{g_t \pi_t}\right) = d_t + \tau_t + \theta_{t-1}^n \left(\frac{R_{t-1}}{g_t \pi_t} - 1\right) + \theta_{t-1}^r \left(\frac{r_{t-1}}{g_t} - 1\right) \qquad (1)
$$

$$
+ \xi_t \theta_{t-1}^* \left(\frac{R_{t-1}^*}{g_t \pi_t^w} - 1\right)
$$

预算会计等式（1）左边表示政府融资渠道，右边是政府融资需求，两者相等。左边前三项代表名义债务（θ_t^n）、指数化债务（θ_t^r）和外币债务（θ_t^*）与产出比率的增加值（差分）。第四项代表高能货币（m_t）的增长，最后一项是铸币税；右边前面两项表示财政赤字（d_t）和特别转移占产出的比例（τ_t），后三项代表前三种债务类型的偿息成本。其中，g_t 为经济增长率，π_t 为通货膨胀率，ξ_t 为汇率，R_t^* 为国外利率。

---

①   Thomas J.Sargent，*Rational Expectations and Inflation.* Princeton，NJ：Princeton University Press，1986.

借鉴阿尔伯特·马塞特和胡安·尼科利尼（Albert Marcet and Juan P.Nicolini，2003）所描述的一个简单的重叠世代一般均衡模型，货币需求方程做如下变形 [①]：

$$p_t = \frac{1}{\gamma} \sum_{j=0}^{\infty} \left(\frac{\delta}{\gamma} \right)^j M_{t+j} \qquad (2)$$

其含义是，货币的持续增长会产生持续的通货膨胀。

政府预算恒等式意味着持续的赤字要么导致货币数量的持续增长，要么导致政府债务的持续增长。第一种选择意味着持续的通货膨胀，正如货币需求方程式表示的那样。第二种选择意味着，政府最终可能在借款能力方面面临限制。

需要避免简单而武断的推论：财政赤字必然导致通货膨胀。从式（1）可以看出，财政赤字并不一定意味着通货膨胀。因为财政赤字除了依靠货币融资外，还可以发行债券。然而，正如萨金特（1986）所言，我们假设政府借款能力有一个限度。作为第一个近似值，这应该与政府未来产生盈余的能力相关。具体来说，我们假设有一个债务限额：

$$\theta_t^n + \theta_t^r + \xi_t \theta_t^* \leqslant \Theta \qquad (3)$$

这里 Θ 是一个外生常量。在债务约束不具有约束力的情况下，政府可以利用财政政策作为工具，妥善地管理政府债务，缓和商业

---

① Albert Marcet and Juan P.Nicolini，"Recurrent Hyperinflations and Learning，" *American Economic Review*，93（5），2003：1476—1498.

周期的冲击，而不会造成通货膨胀。在上述情况下，货币政策和财政政策似乎可以相互独立。然而，事实并非如此：债务融资并没有消除财政政策和货币政策之间的相互依赖性。

一旦债务达到足够高的水平［也就是说，债务约束方程式（3）具有约束力］，冲突就会自然而然地产生，货币当局和财政当局之间就会出现一场"斗鸡博弈"。第一种情况，当赢家是财政当局时，中央银行只能"被迫"货币化赤字，这被称为财政主导型政策（Fiscal-Dominance，简称 FD）。第二种情况，当货币政策保持独立性，财政预算案只能产生盈余，这是货币主导型政策（Monetary-Dominance，简称 MD）。

在拉丁美洲观察到的高得惊人的通货膨胀率证明，就是财政主导时期太频繁了。一旦某个特定国家已经达到其债务上限，而等式右边所给出的融资要求是正数时，就会出现高通货膨胀率。

以上是我们分析阿根廷政府债务变化的基本框架。

1. 第一阶段：第一次世界大战前的黄金时期

1880—1914 年是阿根廷现代化进程的"黄金时代"。阿根廷从一个人烟稀少、区域发展极端不均衡的边缘国度，迅速发展成为世界上最为富裕的国家之一，GDP 的年均增长率超过了 6%。阿根廷人口及其所受教育的程度，随着大量欧洲移民的涌入，同样得到了前所未有的发展。

推动上述发展的一个至关重要的因素是，初级产品出口部门的迅速增长。外贸也成为理解阿根廷经济和债务率最重要的指标。除了 1827 年和 1890 年发生政府债务违约，导致公共债务率短时间急剧上升外，阿根廷公共债务率在第一次世界大战前相对较低，从 1900 年的 51% 逐步下降到 25%。违约频率也是较少的（见图 4）。

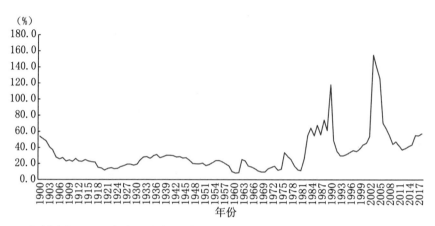

资料来源：2008 年之后数据引自 IMF，Fiscal Monitor，April 2018；2008 年以前的数据来自 Reinhart C.M. and Rogoff K.S.，"This time is different: eight centuries of financial folly," *Economics Books*，2009。

图 4　阿根廷公共债务占 GDP 比率

2. 第二阶段：动荡的 1914—1945 年

第一次世界大战爆发后，出现了减速的趋势。20 世纪 30 年代的世界经济大萧条是阿根廷现代化进程的分水岭。以国际市场的需求为主要动力的初级产品出口模式在大萧条后迅速陷入困境。在这种情况下，保守派政府的政策措施，客观上推动了进口替代工业化模式在阿根廷的确立和发展，为贝隆主义的粉墨登场扫清了道路。公共债务率也从低点 14% 上升到 30% 左右。

3. 第三阶段：1946—1955 年

贝隆执政时期，是阿根廷进口替代从萌芽走向深化的阶段，同时也是贝隆主义大行其道之时。① 政策核心主张外资企业国有化，限制外国资本发展，加强国家干预，支持国营和本国私人工业发展，加大社会福利和社会改良，迫使资本家为工人增加工资、安排就业。其中 1951 年和 1956 年出现两次政府违约，公共债务率也出现波动下降趋势。这两次违约都与贝隆政府有直接或间接的关系，其间经济波动率也加大了。

4. 第四阶段：1955—1976 年

1955—1976 年期间，经济对资本流动并不开放，阿根廷国内的信贷市场不仅不发达，还受到严格监管。因此，政府的举债能力相当有限。赤字从 1960 年的 2% 上升至 1962 年的约 5%。自 1970 年开始，赤字状况再度恶化，并且逐年增加，赤字 GDP 占比在 1975 年达到了创纪录的 11%。由于贷款困难，这一赤字的部分资金来自中央银行的货币扩张（印钱）。政府无法进入国际信贷市场，而从国内市场融资有限，所以尽管政府债务上升较少，巨额财政赤字在这一时期推动了通胀。当赤字在 1975 年失控时，通胀也随之爆炸。

5. 第五阶段：1977—1990 年

这一阶段，阿根廷国内金融市场首次自由化，大量新金融机构进入，利率由市场决定。同时，资本账户对外开放，信贷市场与世

---

① 贝隆主义，又称正义主义，阿根廷民众主义的代名词，贝隆党是阿根廷最重要的政党之一，是由胡安·贝隆在 20 世纪中期后逐渐提出和发展的一种学说。简要地说，贝隆主义的核心内容主要包括政治主权、经济独立和社会正义三个方面。其政治基础为城市工人，该党执政政策通常倾向于工人阶层，在社会政策方面加大公共开支，提高社会福利。

界市场融为一体。这使政府得以在国际市场上借款，短短几年内，政府的外债迅速增加。但在 1982 年，同其他许多拉美国家一样，阿根廷债务出现违约。违约意味着政府融资除了印钞外别无他法，这导致了其后十年的高通胀率。直到 1991 年，货币局制度的实行令，通胀才告一段落。

6. 第六阶段：1991—2001 年

1991 年开启了货币局制度，然而，债务持续增长，在 2001 年面对银行业危机和新的政府债务违约时，货币局制度最终崩溃。在"华盛顿共识"意识形态指引下，随着第二次金融和国际市场的自由化，以及成功的债务再协商，政府得以再次在国际市场上借贷，带来了低通胀和高增长的十年。1991 年阿根廷经济开始好转，并走上恢复发展道路，但好景不长。1998 年阿根廷陷入严重萧条，到 2002 年才重新触底反弹。

7. 第七阶段：始于 2002 年

由于 2001 年 12 月的债务违约，阿根廷再次被国际信贷市场拒之门外。因此，该阶段的特点之一是政府无法向国外借款。经济从 2001 年危机中复苏得很快，人均收入增长率较高。通胀率虽然高于 20 世纪 90 年代，但相对于阿根廷剧烈波动的 20 世纪下半叶而言，通胀温和且稳定。

2010 年，阿根廷政局发生变化。在前胜利阵线（奉行左翼贝隆主义，高公共开支及社会福利）总统克里斯蒂娜 2007—2015 年任上，阿根廷的赤字逐年增加，在 2010 年从盈余转为赤字。由于在 2015 年之前，左翼政府的大量开支无法通过发行债务融资，导致通胀飙升。

2016 年，毛里西奥·马克里（Mauricio Macri）凭借着终结通胀的口号赢得了选举，在上台后立刻取消了外汇管制，并实行了一系列市场化改革，包括结束贸易保护主义和削减政府开支，但是取消了外汇管也加速了资本外流和货币贬值。在多种不利的影响下，2018 年 6 月，阿根廷不得不向 IMF 求救，寻求 500 亿美元的资金进行纾困。同年 9 月，克里斯蒂娜·拉加德（Christine Lagarde）宣布将救济金额追加至 571 亿美元，并开出了同 2001 年危机时相同的药方：削减财政赤字。

四、债务周期的民粹主义根源

鲁迪格·多恩布什和塞巴斯蒂安·爱德华兹（Rudiger Dornbusch and Sebastian Edwards，1991）[1]，以及塞巴斯蒂安·爱德华兹（Sebastian Edwards，2013）从宏观经济学的视角分析了民粹主义。根据他们的定义，民粹主义主要涉及一系列旨在实现特定政治目标的经济政策。一旦掌权，民粹主义政策制定者迅速采取行动，实施雄心勃勃的经济计划，旨在重新分配、增加收入、创造就业、加速经济增长。然而，最终民粹主义政策总是伤害当初支持它的劳工阶

---

[1] Rudiger Dornbusch and Sebastian Edwards, *The Macroeconomics of Populism in Latin America*, Chicago: University of Chicago Press, 1991.

级和底层民众。

公共债务动态演化中，我们发现其财政政策包括两个主要阶段：民粹主义阶段和巩固（紧缩）阶段。

在民粹主义阶段，实施支持中低收入工人的再分配政策。民粹主义最初阶段总是有一个稳定计划，通常会改善国家的财政和外部预算，代价是高度不平衡的收入分配。这种不平等典型地给政府带来了严重的政治和经济挑战，并提供了一种完全不同的呼吁财政计划。[①]之后随着政府运转，财政状况恶化，出现巨额基本赤字。此外，该国的净外国资产状况恶化，通常涉及减少外汇储备。

在巩固（紧缩）阶段试图解决财政失衡问题。在这个阶段，紧缩措施得以实施，政府减少基本赤字和外债头寸。这一阶段通常还涉及国际货币基金组织等外国组织的干预。

民粹主义是如何影响政府公共债务的？正如前面分析，阿根廷政府7种违约中共有5次是发生在20世纪50年代之后。50年代正是贝隆将军上台以及民粹主义思想开始流行之时。让我们回到20世纪50年代，一探阿根廷民粹主义传统。

（一）阿根廷民粹主义传统

1. 经济民族主义的缘起

1933年5月，为了减少英联邦的帝国优惠制度可能给阿根廷

---

① Rudiger Dornbusch and Sebastian Edwards，1991.

造成的损失，两国达成了一份贸易条约，即所谓的《罗加—朗西曼条约》(Roca-Runciman Agreement)。当时阿根廷国内批评该条约是为了维护肉类、大地主、农产品出口商等既得利益集团的利益，而出卖阿根廷国家利益的不平等条约。就当时的历史条件而言，《罗加—朗西曼条约》大大刺激了阿根廷经济民族主义思潮的传播，至少在两个方面大大地影响着阿根廷此后数十年的现代化进程：在经济层面上，它进一步刺激了摆脱对英国依赖的要求，从而使进口替代工业化战略粉墨登场；在政治层面上，它刺激了对"经济独立"的普遍渴望，为随后胡安·D.贝隆的崛起提供了便利。

2. 进口替代工业化模式与贝隆主义

从20世纪30年代初至50年代初期的20年时间，是阿根廷现代化进程的进口替代时期（见表3）。事实上，一开始的进口替代过程并不是阿根廷政府有意识推行的，而是在大萧条和第二次世界大战等外部影响下被迫进行的，有一个从自发到自觉的过程。但是随着1946年，贝隆主义与进口替代活动的结合，使进口替代工业化成为系统的发展战略，也成为贝隆政府实现其"政治主权、经济独

表3　阿根廷进口系数与工业化系数

	1929 年	1937 年	1947 年	1957 年
进口系数	17.8	13.0	11.7	5.9
工业化系数	22.8	25.6	31.1	32.4

资料来源：[巴西]塞尔索·富尔塔多著：《拉丁美洲经济的发展：从西班牙征服到古巴革命》，徐世澄译，上海译文出版社1981年版，第95—96页。

立和社会正义"三大目标的重要政策工具。1955年贝隆将军历经军事政变后被迫下台,但为了讨好选民,介于资本主义和社会主义之间的"第三条道路",也就是贝隆主义的高福利高税负等政策都被保留。

3. 贝隆主义与反贝隆主义博弈与阿根廷社会的分裂

从20世纪50年代初至80年代,是阿根廷政治动乱、社会分裂、经济剧烈波动时期,也正是在这几十年中阿根廷加速坠落(见表4)。1955年推翻贝隆政府的"发展主义"军政权,开展了轰轰烈烈的"去贝隆化"运动,导致整个国家出现了贝隆主义与反贝隆主义的对立,官僚威权主义政权与民粹主义政权交替出现,更迭频繁。但前一阶段深化的进口替代工业化目标并没有发生根本性的逆转。于是,在贝隆主义与反贝隆主义、民众主义与官僚威权主义的循环抉择之后,阿根廷社会的"断裂型"结构变得更加持久化、制度化。在这样的社会结构中,政治、经济等诸方面都呈现出矛盾性。

表4　1950—1981年阿根廷经济年均增长率比较(%)

	1950—1960年	1960—1973年	1973—1981年	1950—1981年
阿根廷	2.8	4.0	1.2	2.9
巴西	6.8	7.5	5.5	6.8
墨西哥	6.1	7.0	6.6	6.6
拉丁美洲	5.1	5.9	4.5	5.3

资料来源:[英]莱斯利·贝瑟尔主编:《剑桥拉丁美洲史》第六卷(上),中国社会科学院拉丁美洲研究所组译,当代世界出版社2000年版,第189页。

4. 新自由主义改革和金融危机

进入 20 世纪 90 年代后，阿根廷和其他拉美国家将美国提出的"新自由主义经济"奉为金科玉律，全面推行包括国有企业私有化、开放贸易、吸引外资、金融自由化、减少政府干预等政策。不可否认，最初这一系列改革帮助国家从封闭走向开放，降低了恶性通货膨胀。但是对"新自由主义经济"盲从和极端接受，致使到世纪之交，经济大幅衰退在阿根廷等拉美国家悲情上演。随着 1997 年亚洲金融危机爆发，大量控制阿根廷金融、能源、交通等重大经济命脉的外资撤出，让阿根廷尝到了过分依赖外资的恶果。2002 年，阿根廷政府宣布世界史上最大债务违约后，短短半年内贫困人口从 38% 上升至 53%，国内 GDP 竟一下倒退回 9 年前，每 5 人中就有 1 人失业。

（二）不平等与民粹主义周期

阿根廷为什么会长期陷入民粹主义思想难以自拔？当社会矛盾爆发时，往往救助于民粹主义宏观经济政策，其背后有什么制度因素吗？决定这种制度背后的因素又是什么？

经济理论的一个关键原则是，收入不平等和收入分配问题是影响制度选择的重要影响因素。[①] 不平等引起的社会冲突是国家间制

---

① Daron Acemoglu，Simon Johnson，and James A.Robinson，"Institutions as the Fundamental Cause of Long-Run Economic Growth." In Handbook of Economic Growth，ed. Philippe Aghion and Stephen Durlauf，Amsterdam：Elsevier，2005.

度差异的根源。一般而言，那些有权力的阶层关心的是建立保护和维持其地位，及其在国民收入中所占份额的制度。根据德隆·阿西莫格鲁（Daron Acemoglu）和他的合著者的研究发现，社会冲突往往导致制度不是最优的。[①]即使那些拥有政治和经济权力的人认识到现有的体制安排还有许多不足之处，这种情况也可能发生；大多数社会的体制将不完善，反映权力结构和收入分配。

拉美国家是收入和财富最不平等的地区。由于首都和大城市都位于港口，其他中小城市呈"扇形"分布内陆，造成土地、财富分布极不平等。从图5可以看出，阿根廷基尼系数始终处于联合国规定的警示线0.4之上，特别是自从20世纪实施新自由主义经济政策之后，不平等状态更是进一步加剧。值得提出的是，不平等程度在

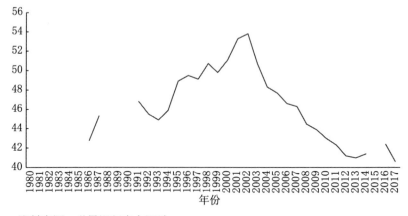

资料来源：世界银行官方网站。

图5 阿根廷基尼系数（1980—2017年）

---

① Acemoglu, Daron, Simon Johnson, and James A. Robinson. 2005. "Institutions as the Fundamental Cause of Long-Run Economic Growth". *In Handbook of Economic Growth*, ed. Philippe Aghion and Stephen Durlauf. Amsterdam: Elsevier.

2002 年达到顶峰，也是在 2002 年阿根廷政府宣布债务违约，之后基尼系数逐渐下降。

根据多维斯（A.Dovis）等人的研究，政府外债和不平等之间的权衡决定了政策和分配的动态，进而形成扩张—紧缩财政周期和民粹主义周期。[①] 在其模型中，不平等和外债促成了政府支出的融资。显然，外债增加了目前可用的资源。此外，为了激励年轻代理人工作，现任政府希望保持目前的劳动税和未来的财富税相对较低。这导致了未来老年人之间的财富不平等。另外，未来的政府有动机提高财富税，重新分配这种财富不平等和外债违约。模型的关键观点是，当前和未来的政府在不平等和外债的构成上存在分歧。与未来政府相比，当前政府更倾向于为任何给定水平的当前消费提供资金，同时债务水平更高，不平等程度更低。然而，未来的政府倾向于用更低的债务和更高的不平等来为消费提供资金。这是因为未来的政府不产生生产休闲成本和消费与休闲不平等的成本。最终未来上台政府会根据不平等和外债情况采取策略性的违约行为。

（三）民粹主义与宏观经济政策

通过分析阿根廷案例，我们发现其民粹主义的政治目标包括：（1）动员并取得劳工和中低收入群体的支持；（2）获得国内导向型企业的支持；（3）在政治上孤立农场主寡头、外国企业和大规模国

---

① A.Dovis，Golosov M.，and Shourideh A.，"Political Economy of Sovereign Debt：A Theory of Cycles of Populism and Austerity，" *Social Science Electronic Publishing*.

内工业精英。实现这些目标的经济政策包括但不限于：（1）刺激国内需求的预算赤字；（2）名义工资增长加价格控制，以实现收入再分配；（3）汇率控制或升值以降低通货膨胀，提高非贸易部门的工资和利润。正是在这些政治目标和经济制度相互作用、相互依赖中，阿根廷政府形成制度选择路径依赖和制度惯性。

图 6 是展示了政治制度与经济制度相互动态演化过程。图中有两个状态变量：政治制度和资源分配。在时间 t 时对这两个变量的了解，足以决定系统中的所有其他变量，特别是 $t+1$ 时的政治制度和资源分配。政治制度决定着社会中合法的政治权力的分配，而资源的分配又影响着当时事实上的政治权力分配。这两种政治权力来源反过来又影响着经济制度的选择，并影响着政治制度的未来演变。经济制度决定经济结果，包括 $t+1$ 时刻的经济总增长率和资源分配。虽然经济体制是决定经济结果的基本因素，但它们本身是内生的，由政治体制和社会资源分配决定。

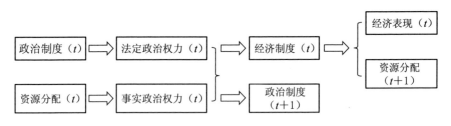

图 6　政治制度与经济制度相互动态演化中路径

当一个既得利益集团形成时，这将增加其事实上的政治权力，并使其能够推动有利于其利益的经济和政治制度。这将倾向于在未来重现最初的相对财富差距。尽管有这些持续性的倾向，该框架也强调了变化的潜力。特别是"冲击"，包括技术和国际环境的变化，这些变化改变了社会（事实上）政治力量的平衡，可能导致政治体制的重大变化，从而导致经济体制和经济增长的重大变化。

以 20 世纪 90 年代政权更迭为例。1989 年，梅内姆领导右翼的正义党竞选总统，并竞选成功带，使正义党自贝隆时代以来相隔 13 年再次执政。在面临高达 5000% 恶性通货膨胀情况下，他违背贝隆主义长期传统，推行了"新自由主义"改革。卡洛斯·萨乌尔·梅内姆（Carlos Saúl Menem）执政时期大幅削减公共支出，降低社会保障的标准，大力推行公共财产私有化。改革最大受益者毫无疑问是出口商、外国资本受益，而传统制造业和底层民众最终成为经济全球化、自由化和私有化的受害者。

如图 5 所示，在梅内姆执政后期，国内不平等程度达到最近几十年的顶峰。尽管梅内姆短短几年就把高达 5000% 的通货膨胀率降至个位数，经济增长速度也大有起色，但是由于失去正义党和底层民众支持，民意调查显示其支持率低到只有 10%，直接导致其在后续大选中失利。之后，基什内尔以及夫人克里斯蒂娜执政期间政策均开始偏左。政策主张集中在反全球化和不平等的弊病上，使很大一部分中下层民众成为基什内尔"新政"的最大受益者。2015 年马克里总统上台，采取新市场、亲商业的偏"右"的自由主义市场政策，赢得了阿根廷中上层民众支持。

五、启示与教训

拉美有句谚语：不要向富人借钱，也不要向穷人许诺。政府对外过度负债和对内承诺的高福利是理解由"成功走向失败"的"阿根廷之谜"的关键。

纵观历史，阿根廷债务周期与民粹主义周期在时间上高度吻合，最近政府债务违约时点也往往是民粹主义从"右"向"左"转换的时点。过度依靠初级农产品出口的阿根廷经济极其脆弱，经济往往无法承受外部冲击，经济困难导致政治不稳定，从而出现了军事政权和民选政府交替上台，意识形态在民粹主义和自由主义中剧烈摇摆，没有找到一个适合本国国情的可持续发展战略和模式。最终陷入民粹盛行→经济混乱→军事政权恢复秩序→独裁统治→矛盾突出→全民普选→民粹政府取代军事政权上台→民粹盛行的怪圈，也就是常说的民粹主义周期。政策的延续性和稳定性非常重要，当前阿根廷比较突出的公共债务膨胀乃至出现违约风险问题，只能通过持续的紧缩开支行动加以缓解。

民粹主义是影响阿根廷债务周期的制度根源。在偏左的民粹主义影响下，为了实现其"社会正义"的目标，往往采取过度分配的民众主义政策，将大量的资源用于补贴劳工运动。超过其财力的高社会福利不仅造成财政赤字和公共债务膨胀，也造成浪费、腐败，挫伤了一些社会阶层，特别是出口集团的利益，最终使阿根廷的发展进程"出现逆转"。在偏右的民粹主义改革时期，阿根廷政府过分强调自由化、私有化，放松资本和外汇管制，造成负债快速积累。一旦国际资本市场出现不利冲击，造成货币大幅贬值和外汇储蓄消耗，最终出现外债违约。失去国际资本市场融资，又会影响国内经济增长，造成不平等程度不断加剧，社会矛盾日益尖锐，最终引发经济危机，政权更迭。

另外，阿根廷之所以陷入中等收入陷阱长达一个世纪之久，主要原因在于过度单一的经济模式往往显得比较脆弱，早期进口替代模型与贝隆主义融合决定了之后制度选择依赖。阿根廷政府终始没有妥善处理好比较优势与产业升级、经济发展与政治稳定、国家干预与市场调节之间的关系。更为致命的是，在处理这些关系时，历届阿根廷政府往往采取"走极端"的做法，陷入民粹主义—新自由主义治乱循环中。

Populism Tradition, Public Debt Cycle and a Century of Economic Stagnation in Argentina

Li Huiwen

（Fujian Provincial Committee Party School of CPC

Fujian Administration Institute）

Abstract: After examining Argentina's public debt evolution and default history over a century year, it's found that its debt cycle is highly consistent with the populist cycle. While the Left-wing populists preference for high welfare social policies is a key factor in Argentina's ballooning government deficit and debt, Right-wing populists favor liberalization and globalization, and the government's laissez-faire attitude towards the growth of foreign debts caused unsustainability and the default of foreign debts. Populists end up hurting the lower and middle class working class that support them, causing hyperinflation and currency devaluations and widening income disparities, which is a major factor in Argentina's long term economic stagnation.

互联网金融引发城市风险的法治对策

周 昕 冯 玥

（武汉行政学院）

摘要： 以互联网和信息技术为依托的互联网金融正在城市经济生活中扮演着越来越重要的角色。然而，由于互联网金融具有虚拟化融资、跨地域经营、准入及退出机制不健全、立法规制缺位等特点，导致其日常监管难度增大，各种潜在风险层出不穷，对城市金融稳定造成了挑战。必须运用法治手段正确引导互联网金融趋利避害、健康发展，积极预防和应对其引发的城市风险，为城市发展奠定良好的金融基础，营造公平的市场环境。

当前，以互联网、云计算、大数据等为代表的"互联网+"对传统金融领域产生了深刻影响，以互联网和信息技术为依托的互联网金融应运而生。互联网金融所特有的无抵押、低门槛、方便快捷的信贷模式，在一定程度上降低了交易成本，节约了交易时间，在融资方与投资方之间搭建了桥梁，是对传统金融体系的有益补充，在城市经济生活中发挥的重要作用日益彰显。然而，由于互联网金融具有虚拟化融资、跨地域经营、准入及退出机制不健全、立法规制缺位等特点，导致其日常监管难度增大，各种潜在风险层出不穷。尤其是近年来"E租宝""泛亚贵金属""财富基石"等互联网金融P2P平台非法集资案件频发，对城市金融稳定造成了巨大挑战。

习近平总书记指出，当前我国经济形势总体是好的，但经济发展面临的国际环境和国内条件都在发生深刻而复杂的变化，推进供给侧结构性改革过程中不可避免会遇到一些困难和挑战。要增强忧患意识，未雨绸缪，精准研判，妥善应对经济领域可能出现的重大风险。2019年《政府工作报告》进一步强调，加强金融风险监测预警和化解处置，打击非法集资、传销等经济犯罪。本文拟从立法、政府、行业、投资者等多个层面深入分析互联网金融引发城市风险的突出问题和成因，积极寻求化解矛盾，推动互联网金融健康发展，维护城市稳定的法治对策，为相关部门提供建议和参考。

一、问题的提出：互联网金融引发城市风险的表现及危害

2019年1月7日，央行工作会议提出：要切实防范化解重点领域金融风险，继续开展互联网金融风险专项整治。不断深化金融

法治建设，推进金融消费权益保护基本制度与法规体系建设，完善金融消费权益保护协调工作机制。按照《国家新型城镇化规划（2014—2020 年）》，2020 年中国城镇化率将达到 70%。在城市化极速推进的同时，形形色色的城市风险也相伴而生。所谓城市风险，是指在城市资源要素高度密集化、城市架构愈益精巧化的同时，城市脱离并悖逆经济社会发展规律的倾向性加大，由城市自身增长所导致的各种内在风险①，诸如食品安全、交通拥堵、拆迁问题等。城市风险不同于城市治理中存在的一般问题，具有突发性、复杂性、扩散性以及难以预测性等特征，严重影响到城市发展的正常秩序。

近年来我国盛行的互联网金融模式，特别是 P2P 网络信贷模式，以用户体验作为产品和服务创新的价值取向，不同于传统金融以安全稳定为价值取向，因而面临诸多潜在风险。由于互联网金融在我国尚处于起步阶段，在现行法律框架下，缺乏严格的金融市场准入制度和法律责任制度，企业的日常融资行为也缺乏有力监管。从互联网金融的发展历程来看，2015 年以前，国家一直保持"宽容有度，放水养鱼"的态度，没有出台专门的监管制度。2015 年年初，中国银监会明确将 P2P 网贷业务由普惠金融部进行管理，至此，互联网金融监管主体才初步明确。2015 年 7 月，央行会同十个相关部委发布《关于促进互联网金融健康发展的指导意见》，作为指导我国互联网金融发展的主要政策依据，明令禁止了自担保、自融、资

---

① 李麦产:《现代城市风险管理与防范》,《城市观察》2012 年第 6 期。

金池、非法吸存、洗钱等非法行为。2015 年 12 月，中央经济工作会议明确提出，抓紧开展互联网金融风险专项整治，坚决遏制非法集资蔓延势头。2016 年 4 月，央行牵头开展了互联网金融风险专项整治工作，积极稳妥化解互联网金融领域风险。随着互联网金融专项整治的深入开展，虽然互联网金融风险已经得到一定程度的释放，但是还没有得到完全释放。尤其是对于广大三、四线城市而言，因为金融风险防范意识较为薄弱，金融监管政策存在短板，突发事件应对能力水平不高，导致近年来互联网金融业在极速发展的同时，也暴露出越来越多的法律问题，给城市治理造成诸多隐患，主要集中在 P2P 网贷方面。据统计，2015 年全国 2595 家 P2P 平台中就有 896 家出现"卷款跑路"，比例高达 35%。① 包括涉案金额超过 720 亿元的"E 租宝"事件、涉案金额超过 400 亿元的"泛亚贵金属"事件、涉案金额超过 100 亿元的"卓达"事件、涉案金额超过 40 亿元的"财富基石"事件等大案频发，损害了城市形象，扰乱了金融秩序，加重了政府管理压力，破坏了社会和谐稳定。

具体而言，互联网金融引发城市风险的主要表现为以下几个方面。

1. 互联网金融机构的法律界定模糊，从事金融业务打"擦边球"

目前开展互联网金融业务的企业多以小额贷款公司、财务公司、投资咨询公司、有限合伙制私募基金等形式存在，但不少企业实际

---

① 马文静：2015 年网贷问题平台 896 家为 2014 年 3.26 倍，载中国新闻网 http://www.chinanews.com/cj/2016/01-08/7708366.shtml，2016 年 1 月 8 日。

上开展的业务却名不副实①，借助 P2P 网贷平台搞跨界经营。在现有法律制度未能明确界定其融资属性并进行有效规制的前提下，大量互联网金融企业肆意突破现有的政策监管边界，游走在法律上的"灰色地带"，甚至明目张胆地从事非法吸收公众存款、非法集资、非法经营等违法犯罪行为。

2. 现行金融立法和政策监管措施缺位

首先，由于互联网金融行业监管细则尚未出台，造成非法集资等乱象丛生，不断曝光的 P2P 平台"关门跑路"等恶性事件让公众对互联网金融产生了一定抵触情绪，制约了互联网金融行业发展。其次，由于互联网金融交易具有虚拟化特征，交易对象的全球化和交易地点的不确定性给政府监管带来了极大挑战，传统的金融现场监管方式已经难以适应新形势。再次，现有监管队伍中缺乏既懂互联网技术又懂金融和行业跨界管理的多元化复合型人才，造成监管力量严重滞后，对群众诉求回应不及时，难以对高速发展的互联网金融市场实现监管全覆盖。

3. 互联网金融行业面临较大的流动性风险

由于互联网金融行业具有"高杠杆率"特征，金融平台交叉销售、交叉运作和交叉投资方向日益跨行业、跨市场、跨机构，由此造成金融产品结构过于复杂、合同约定责任不清、变相监管套利等问题，频繁出现跨行业、跨地域的风险传递。一些 P2P 网贷平台为

---

① 龚曙光：互联网金融亟需立法，载和讯网 http://hunan.hexun.com/2014-03-10/162894080.html，2014 年 3 月 10 日。

了增揽新客户，以简单的高收益率吸引眼球，进一步加剧了流动性风险。

4. 互联网金融业务存在较大的安全隐患

保护个人信息、强化信息安全是"互联网＋"时代需要重点解决的法律问题之一。一方面，互联网金融交易的虚拟化和跨区域化使得交易对象难于确认，而网络空间本身又具有技术隐患，一旦信息安全意识薄弱，就很容易造成个人信息保护落空。近年来，小规模的网络个人信息泄漏、买卖事件在P2P网贷平台不断发生，个人身份资料、银行卡账号等成为不法分子牟利的筹码，非法获取的金融数据被大量用于非法交易，由此导致欺诈消费、身份盗用、资金被盗等案件频发。另一方面，由于国内互联网金融机构的安全技术、安全意识及运营维护管理水平普遍较低，P2P网贷平台及互联网金融产品成为吸引黑客团体、洗钱犯罪、地下产业以及境外敌对势力渗透的"重灾区"，由此将导致的大规模信息泄漏，甚至会对国家安全造成潜在威胁。

5. 非法集资案件扰乱城市金融秩序，破坏社会和谐稳定

从对"E租宝""财富基石"等案件的分析来看，互联网金融引发的非法集资案件往往涉案金额大、人员多、范围广、影响深，一旦出现资金链断裂，导致金融挤兑危机，就容易爆发大规模群体事件，个别投资者采用非理智方式维权，进一步激化了矛盾。有的城市多次出现投资者集体游行、维权请愿的事件，还有投资者组成维权队伍到省市政府驻地喊口号、贴标语、拉横幅，在网上建群密集发帖，影响城市和谐稳定大局。

二、互联网金融引发城市风险的主要原因

1. 立法层面

我国现行金融法律体系建构在传统金融市场模式的基础上，面对"互联网+"的新挑战，在市场准入、业务范围、资金监管、信用管理等领域明显存在立法缺位。同时，由于互联网金融涉及信息技术、金融投资、政府管理等诸多专业领域，其立法难度大，立法技术复杂，实效性、专业性特别突出。一旦出现基于网络信贷 P2P 的诈骗、非法套现、洗钱等违法犯罪行为，由于立法缺失，造成法律依据不足，互联网金融企业、中介机构和投资者的权利都难以得到有效保护，造成矛盾激化。

2. 政府层面

互联网金融市场具有多元性特征，监管业务面广、监管主体多。从我国目前的金融监管体制来看，虽然进行了多轮改革，但仍然存在监管权责不清、约束不硬、机构分工重叠的问题，导致政府部门间协调难度加大，无法有效形成监管合力，导致正常的市场监管环节形同虚设。例如排查摸清互联网金融企业融资方式合法性、是否自建资金池、资金托管情况、追踪资金流向等，一旦出现问题，发生负面影响，才会事后弥补性地倒逼推动政策出台。

3. 行业层面

一是互联网金融行业的信息披露程度较低。目前仅对资产情况、贷款余额、成交量等数据进行披露，而对逾期率、不良率等敏感数据披露不足，造成监管难度加大。

二是互联网金融企业缺乏安全意识。由于网络交易存在技术隐患，开展互联网金融业务容易面临黑客攻击、病毒肆虐等各类技术风险，导致投资者个人隐私信息及金融敏感数据容易丢失破坏，相关数据的真实性、可靠性难以得到保障，相应的法律保护机制亟需完善。

三是部分互联网金融企业存在违法违规经营行为。由于互联网金融行业准入门槛过低，导致行业内部鱼目混珠，金融机构素质良莠不齐，违法违规行为时有发生，新骗术层出不穷。

四是互联网金融企业对投资者的风险提示不足。个别 P2P 平台为追逐经济效益，向投资者大肆宣传高额回报，蓄意隐瞒或降低对投资者的风险提示。

4. 投资者层面

不少投资者存在投机心理和从众心理，缺乏科学理财观念，互联网金融知识匮乏，容易受高收益诱导，对互联网金融产品的风险缺乏正确认知，防控意识和自我保护能力薄弱，盲目追求高收益。加之法律意识不强，一旦投资出现问题后，维权方式又容易走极端，进一步加剧了矛盾。

三、国内应对互联网金融风险的经验做法

从各地防范和化解互联网金融风险的主要做法来看，大致分为三种情况。

1. 开展专项整治整改

2018 年，《政府工作报告》明确提出，严厉打击非法集资、金融诈骗等违法活动。强化金融监管统筹协调，健全对影子银行、互联网金融、金融控股公司等监管，进一步完善金融监管。从 2018 年 1 月开始，上海、深圳、广东等地开始陆续按照《关于做好 P2P 网络借贷风险专项整治整改验收工作的通知》发布整改验收工作指引表，对整改验收工作进行积极落地。

2. 暂停注册登记

北京、上海、深圳等城市对互联网金融企业登记注册直接说"不"。北京市工商局还要求各区下架所有跟民间融资相关的广告，包括但不限于 P2P、理财广告等。如果 P2P 平台不希望被下架的，必须征得区以上级别政府金融办的同意。①

3. 设置负面清单

广东、重庆、安徽出台了针对性较强的文件，严禁互联网金融

---

① 刘琪：《P2P 广告下架小范围先行》，《江苏经济报》2016 年 1 月 18 日。

自设资金池，从事非法集资、捆绑销售、不实宣传等行为。重庆市出台的《关于加强个体网络借贷风险防控工作的通知》，明确将个体网贷"十不准"与P2P监管细则"负面清单"整合到一起。

4. 积极鼓励发展

江西、陕西不仅没有禁止互联网金融登记注册，还积极出台政策鼓励互联网金融行业发展，以借力"互联网+"，实现金融行业"弯道超车"。江西省出台的《关于促进全省互联网金融业发展的若干意见》规定，在该省上市的互联网金融企业可一次性获500万元奖励；挂牌新三板也可获50万元奖励。陕西省设立"互联网金融产业发展基金"，专项用于互联网金融基础配套设施建设，为企业提供房租补助、人才引进、专项奖励，互联网金融研究机构建设等。①

四、互联网金融引发城市风险的法治对策

习近平总书记指出，要完善风险防控机制，建立健全风险研判机制、决策风险评估机制、风险防控协同机制、风险防控责任机制，主动加强协调配合，坚持一级抓一级、层层抓落实。金融是城市的经济命脉，互联网金融更代表了城市经济未来的发展方向。必须运

---

① 陕西省人民政府：《陕西省人民政府办公厅关于促进互联网金融产业健康发展的意见（陕政办发〔2015〕108号）》，《陕西省人民政府公报》2016年2月29日。

用法治手段正确引导互联网金融趋利避害、健康发展，积极预防和应对其引发的城市风险，为城市发展奠定良好的金融基础，营造更优的市场环境。按照中国人民银行等十部门联合制定的《关于促进互联网金融健康发展的指导意见》，遵循"依法监管、适度监管、分类监管、协同监管、创新监管"的原则[①]，立足互联网金融市场发展实践，依法完善互联网金融风险的防控体系，积极推进法治城市建设。

（一）在政府层面，加强顶层设计，切实维护金融秩序

充分发挥地方立法先行先试的优势，加快构建具有城市特色的互联网金融监管制度体系。在制定立法和政策时，应把握好三个关键：一是有利于互联网金融新业态的发展，鼓励互联网＋金融创新；二是有利于实体经济的扩大化生产，支持合法性融资；三是有利于金融市场秩序稳定，增强法律制度在打击违法犯罪领域的威慑力。

1. 制定具有城市特色的互联网金融市场准入和退出制度

作为金融新业态，在探索性发展的过程中，国家层面的互联网金融市场准入条件相对比较宽松，与不少城市当前的金融市场发展水平和"双创"的总体要求还不相适应。应在国家准入规定的基础上，加快研究制定具有城市特色的金融市场准入制度，把真正具有

---

① 刘兴成：《互联网金融不相信非法集资》，《法人》2016年。

融资能力、熟悉金融业务，有发展潜力和社会责任感的企业和创业者推到金融创新第一线。同时，还应健全完善金融市场退出机制，对于经营不善的企业及时进行工商注册清退。通过"进""退"结合，激发市场活力。

2. 出台严格的互联网金融违法案件制裁措施

从近年来暴露的互联网金融违法案件看，各类处置措施和手段大都属于事后补救，还无法将打击惩治措施全面落实到事前、事中和事后三个环节。这就要求各级公安部门迅速适应金融创新发展需要，推行互联网金融数据库的动态维护与跟踪管理，做好互联网金融违法趋势性和苗头性的预测预警工作。加强对企业融资规模的评估，对超规模超额度的融资情况要及时予以制止，提前进行司法介入。建立对涉案个人或企业资产和资金的控制、查封、追缴、清算制度，用严格执法来维护金融市场秩序。

3. 健全互联网金融风险预案体系

在互联网风险预案中应明确体现三个特点：一是风险宣传要到位。可以强制性要求各企业开设政府有关互联网金融的产品特性和风险提示，引导谨慎投资。二是信息披露要到位。建立网上互联网金融信息平台和市民投资服务窗口，及时披露各企业相关信息，引导理性投资。三是舆论控制要到位。各地网信办作为网络舆情的第一责任人，要做好社会舆论的跟踪、监控和引导，及时代表政府发声，以正视听。四是案件处置要到位。一旦发生违法案件，要有案情通告、处置意见和救济措施，稳定社会心理预期。

（二）在行业层面，强化重点领域，严格规范企业行为

探索城市金融监管机制创新，应突出三个监管重点：一是第三方交易平台监管；二是融资方投资项目监管；三是资金流动监管。

1. 建立部门联席联动会议制度

目前，我国互联网金融监管部门包括证监、银监、保监、工商、财政、工信、公安等。由于监管主体众多，容易出现"九龙治水"的现象，难以形成合力。应探索建立城市"互联网金融监管联席联动会议制度"，由金融工作部门牵头，设立专门的联络办公室，各成员单位指定对口业务处室进行对接，对各类信息进行交流互补，及时共享，开展行业研讨和分析，及时发现解决问题，将违法犯罪行为消除在萌芽状态。

2. 打造统一的第三方交易平台

国家在 2014 年对互联网第三方交易平台进行整顿后，并没有做进一步的系统规定。有鉴于此，应尽快搭建城市金融市场第三方交易平台，建议由国有控股公司出面组建，发挥主导作用。一是国有经济雄厚的资本可以提供信用保证，激发社会的投资热情。二是国有经济的具体运行更为规范，不易受融资方的操控。三是可以积极促进国有资本的转型升级。

3. 健全互联网金融行业协会制度

组建城市互联网金融行业协会，制定行业自律标准和企业经营

指导意见，规范企业市场行为；建立企业征信体系，发布诚信企业红黑榜，完善信息披露机制，作为金融主管部门评价企业信用的主要依据，监督企业守法经营；开展互联网金融创新人才引进和培训工作，积极储备行业人才。

4. 完善互联网金融信息安全保障制度

严格规范各类交易操作规程，加大对防止篡改交易信息及防止信息泄露等关键技术的研发力度，对网上金融数据进行实时监测和跟踪，实现互联网金融机构与传统金融机构之间的数据信息互通共享，切实保障互联网金融的信息传递安全和交易流程安全。

（三）在投资者层面，保障合法权益，树立正确投资理念

现阶段，我国城市在经济持续快速发展过程中积累了大量社会财富。如何规范引导大量的社会闲散资金进入生产活动，并切实保障投资者的合法权益，也需要不断创新体制机制。

1. 加大互联网金融宣传教育力度

进一步加强对市民的互联网金融知识宣传普及力度，提高投资者的风险意识和自我保护能力，最大限度地避免盲目投资。

2. 建立互联网金融投资者权益保护机制

积极维护投资者的合法权益，加强对投资者的信息保护，并为投资者营造良好的维权环境。一是制定《互联网金融投资者权益保护办法》，对交易过程中的风险分配、责任承担、机构的信息披露、

投资者个人信息保护等做出明确规定。[①] 二是扩大互联网金融投资者的维权救济渠道，及时回应互联网金融投资者的维权诉求，妥善解决各类经济纠纷，提高互联网金融市场服务能力。

3. 引导消费者树立正确的投资理念

通过海报、LED 显示屏、发放宣传资料、媒体宣传和现场接受客户咨询、开展知识讲座等多种渠道，全方位引导消费者树立正确的投资理念，使投资者在投资前充分了解真实客观的行业现状，认清投资风险，科学合理使用投资产品，防范金融投资风险，提升投资者保障自身资金财产安全的法治意识和依法维权能力。

Legal Considerations of the City Risks Caused by Internet Financial

ZHOU Xin，Feng Yue

（Wuhan Administration Institute）

Abstract: The internet financial，which is based on the internet and information technology，is playing a more and more important role in urban economic life. However，the characteristics of internet financial，such as virtualization financing，cross-region operation，imperfect

---

① 刘淑萍：《关于我国互联网金融监管的思考》，《金融发展评论》2014 年。

access and exit mechanism and the absence of legislation and regulation result in an increased difficulty of daily supervision and endless potential risks, which pose challenges to urban financial stability. We must use legal means to correctly guide the internet finance to seek benefits and avoid disadvantages and develop healthily, and actively prevent and respond to the urban risks caused by it, so as to lay a good financial foundation for urban development and create a fair market environment.

经济转型期陕西防范化解区域系统性金融风险研究

周阿利

（西安市委党校）

摘要： 经济转型是经济发展向更高级形态、更复杂分工、更合理结构演变的"惊险一跃"。在这个过程中，各类风险易发高发，有可能集中释放，再加之外部环境干扰，形成股市、汇市剧烈震动，使得经济运行下行压力加大，我们必须把防范化解重大风险放在更加突出的位置。陕西从经济欠发达省份跃升为中等发达省份，其发展过程积累大量的矛盾，需要不断化解这种风险，确保陕西经济高质量发展。本文主要从文献综述、防范风险的重要意义、存在的金融风险隐患和防范化解金融风险几个方面展开阐述。

金融活，经济活；金融稳，经济稳。经济兴，金融兴；经济强，金融强。经济是肌体，金融是血脉，两者共生共荣。金融是国家重要的核心竞争力，金融安全是国家安全的重要组成部分。我国经济发展已由高速增长阶段转向高质量发展阶段，正处在转变发展方式、优化经济结构、转换增长动力的攻关期，新一轮经济转型的特征更趋明显。经济转型是经济发展向更高级形态、更复杂分工、更合理结构演变的"惊险一跃"。在这个过程中，各类风险易发高发，有可能集中释放。我们必须把防范化解重大风险放在更加突出的位置。党的十九大报告指出，从现在到 2020 年，是全面建成小康社会的决胜期，要坚决打好防范化解重大风险、精准脱贫、污染防治的攻坚战，使全面建成小康社会得到人民认可、经得起历史检验。把防范化解重大风险作为决胜全面建成小康社会"三大攻坚战"之首，充分体现了以习近平同志为核心的党中央对经济社会领域中重大风险的清醒认识和高度重视。2019 年 1 月 12 日，习近平总书记在省部级主要领导干部坚持底线思维着力防范化解重大风险专题研讨班开班讲话上指出，要坚持底线思维，增强忧患意识，提高防控能力，着力防范化解重大风险，保持经济持续健康发展和社会大局稳定。2 月 22 日，习近平总书记在中央政治局第十三次集体学习时强调，要精准有效处置重点领域风险，深化金融改革开放，增强金融服务实体经济能力，坚决打好防范化解包括金融风险在内的重大风险攻坚战。

当前经济运行稳中有变、变中有忧的背景下，金融风险形势依然严峻复杂，再加之近期中美贸易摩擦升级引起股市与汇市剧烈震动，使得国内防范化解金融风险攻坚战正处于关键时期。陕西省 2016 年从经济欠发达省份跃升为中等发达省份，在经济发展过程中积累了很多矛盾，各种风险在集聚，尤其地方经济发展中防范和化解金融风险变得日益突出。

一、文献综述

（一）国内外研究现状

早在 1964 年，美国斯坦福大学的威廉·夏普（William F.Sharpe）就定义了微观意义上的系统性风险（systematic risk），即证券市场中不能通过分散投资加以消除的风险，也称不可分散风险或剩余风险。弗兰克尔和罗斯（Frankel and Rose，1996）首次采用年度数据和 probit 模型来预测金融危机的发生。[①]巴里·艾肯格林和罗斯（Eichengreen and Rose，1998）在分析新兴经济体的银行业危机时，采用了多元二项式 probit 来进行预测，结果显示国外环境变化对于发展中国家银行业危机的重大影响，其国内变量贡献度相对较小，但是汇率的估值、国内商业周期和外债水平非常重要，并为金融问题的产生创造了现实舞台。[②]德米古和德特拉贾凯（Demirgü and Detragiache，1998a；1998b）运用多元二项式 logit 模型研究了发达国家与发展中国家系统性银行危机的决定因素，认为一系列的解释

[①] 宋莹：《金融风险早期预警体系研究：国外理论综述》，《西部金融》2015 年第 2 期。

[②] Kaminsky，Craciela L（1999）.，Currency and Banking Crises：The Early Warmings of Distress.

变量包括：宏观经济变量、金融变量和机构发展进步的估值等。[①] 结果显示，宏观经济变量是银行脆弱性的主要决定因素，尤其是当通胀率和利率水平均处于高位时，随着增长放缓，危机的概率将会增加。希纳斯（Shinas，2007）金融风险来源可概括为两类：一是外生风险来源，源于宏观经济扰动和突发事件冲击；二是内生风险来源，主要源于金融机构风险累积、金融市场动荡和金融基础设施不完善。[②]

（二）国内研究综述

闫坤教授（2006）认为我国存在金融风险财政化的问题，其原因除了我国财政与国有银行的特殊历史渊源之外，还在于金融是现代经济的核心，金融稳定直接决定着我国整体经济运行的平稳。[③] 因此，如果一个国家遭遇金融危机，那么政府一定会进行救市，既符合社会的预期，也是政府的道义责任。张晓扑（2010）认为，从人类对金融危机的认知历程看，系统性风险概念的强化和应用将极大深化人类对金融危机的认知。[④] 廖高可（2017）通过 AHP 层次分

① 吴永钢、李政：《论金融自由化与宏观金融风险的相关性》，《河北学刊》2013年第 5 期。

② Fust Sekmen, Murat Kurkcu, An early warning system for Turkey: The forecasting of economic crisis by using the artificial networks, *Asian Economic and Financial Review*.

③ 姜黎黎：《我国转型期财政风险与金融风险的相互转化研究》，中共中央党校2008 年。

④ 王俊勇、李心丹：《防控系统性金融风险倒逼监管改革路径探析》，《现代经济探讨》2019 年第 7 期。

析法来确定指标权重，合成金融风险指数，通过分析和比较不同区域金融风险的差异，综合理论分析与实证结果，得出有效结论，区域金融风险具有明显的时空显著差异特点，同时区域风险状态也具有收敛特征。[①] 张永军（2018）从服务实体经济、防控金融风险、深化金融改革三个方面提出，陕西如何坚决打好防范化解重大风险攻坚战的思路。[②]

纵观国内外金融风险文献研究，国外金融业相对发达，经过世界上几次大的金融危机的爆发，对金融风险的研究相对全面、深刻。中国金融业在 20 世纪 90 年代才有一个飞速发展，且国内没爆发全面性金融风险，所以相应研究主要停留防范金融风险层面。陕西省内研究金融风险少时又少，在"一带一路"倡议、人民币国际化背景下和叠加中美贸易摩擦升级背景下，防范化解区域金融风险是陕西近期研究和工作的重点内容。

二、深刻认识防范化解区域系统性
金融风险的重要意义

1. 防范化解金融风险攻坚战是当前陕西省一项重大政治任务

在党的十九大报告中明确界定了 2035 年和 2050 年的发展目标，

---

① 廖高可：《区域金融风险的统计监测研究》，湖南大学 2017 年。
② 张永军：《打好防范化解重大风险攻坚战》，《西部大开发》2018 年第 12 期。

从现在开始到新中国成立 100 年我们还有整 30 年时间。在这期间，需要完成两个百年目标，中国的发展处在大有可为的历史时期，比历史上任何时候都接近伟大复兴。在这个关键时期，更应该谨小慎微，如履薄冰，顺利完成我们现代化进程。按照金融危机至少会致使经济发展倒退 5 年，陕西作为后发地区，更应该蹄疾步稳，勇往直前，才能实现追赶超越发展。

2. 防范化解金融风险攻坚战是确保陕西省经济健康发展的重要保障

近年来，陕西省发展保持稳中有进持续向好的态势，但发展中仍存在不平衡、不充分的问题，总体平稳 GDP 增速，但是长期积累的深层次矛盾，有升级放大的风险，金融风险错综复杂，个别金融机构不良贷款率高。例如秦农银行不良贷款率已超过 3%，前十大客户贷款占比逾七成；主要涉农银行不良贷款率达到了 42.6%，涉及渭南、咸阳和榆林；P2P、线上线下非法集资等非法金融活动频繁发生；地方政府债务风险持续走高，有的委托代建，明股实债等问题，只有解决好这类问题，不断优化经济结构，提高经济高质量发展。

3. 防范和化解金融风险攻坚战是维护社会稳定的迫切需要

金融是现代经济的核心，涉及政府部分、企业、银行等金融机构、个人微观主体。金融出现问题，通过经济领域向七个领域传播，形成不同的社会问题，影响社会稳定和谐。

三、陕西省防范化解区域金融风险面临的形势与问题分析

1. 传统金融机构风险仍存隐患

企业的流动性不足给银行业金融机构带来的不良贷款风险、不良贷款规模仍然居高不下，重点地区和重点行业的不良率依然高企，高风险金融机构的风险化解未取得实质性进展，存在可能发生区域性金融风险的隐患。

2. 地方政府债务风险防控压力增大，存量化解难

在 2008 年扩内需保增长的逆周期调整中，有大量地方性投融资平台，例如西安市灞桥区就成立了 4 个平台公司，进行政府经济行为的操作平台。尽管中央在严查地方政府举债规模，但是许多地市出现明股实债的行为。另外在近年国家鼓励 PPP 模式，其中银行许多财政风险，按意见要求 PPP 支出责任在一般公共预算的 10% 以内及支出经过了严格的绩效考核评价，与社会资本对项目的建设运营效率、成果等因素相关，但现有的 PPP 入库项目，尤其是早期的项目，采取固定回报形式，合同无绩效付费条款，直接将 PPP 做成了延长版的 BT（建设—移交），相应支出不应被认定为规范的中长期财政支出。

3. 金融违法违规引发的风险事件多发，突出表现在非法集资和乱办金融方面

非法集资在陕西屡禁不止，每年都有相应事件发生，只不过有的披上现代信息化的技术外衣。一些不法分子嫁接普惠金融、区块链技术、比特币等新概念进行诈骗。

表1　全国、相关省份和西安市 P2P 情况

	全国	广东	北京	上海	浙江	陕西（西安）
P2P 数量（家）	1021	236	211	114	79	19
网贷行业贷款余额（亿元）	7889.65	1163.63	3321.19	2445.43	532.14	11.91

资料来源：西安市金融工作局。

4. 农村金融机构的潜在风险，伴随随着"互联网+"时代，互联网金融

公司业务在农村的迅速扩张，农信社系统从长远来看面临巨大市场竞争挑战，可能酝酿新的经营风险。农信社是陕西农村金融体系中重要组成部分，目前属于地方性银行类金融机构，改革不是很彻底，从组织机构、产品设计都不如其他银行行类金融机构，同时由于其服务对象属于弱势群体，所以隐含了相应的金融风险。

5. 地级市和县级金融监管机构和体制建设不健全

省、地市和县级层面由政府风管领导牵头的金融工作意识协调机制，与国务院金融稳定发展委员会派出机构之间关系亟待理清。地方金融监管权责不对等，地方政府承担一定的处置责任是合理的，但地方政府对城商行、农村金融机构、村镇银行等地方中小法人机

构并无监管权，也无法及时获取有效的监管信息。权责分离和监管信息缺失导致地方政府在风险处置过程中非常被动，既缺乏预见性难以事前防范风险，也难以确保事后处置的有效性和效率，导致风险成本加大。

四、陕西省防范化解区域系统性金融风险的现实路径

1. 构建多元化的市场主体，完善金融组织体系

不仅要吸引境内外各类知名金融机构业务总部、营运总部、研发中心等入驻西安市，积极争取具有国际影响力的政策性金融机构入驻，发展多元化金融市场主体作用，完善金融组织体系。同时，还要建立中小银行、村镇银行和社区银行、投资基金、股权基金等，深入推进金融供给侧结构性改革，提升金融组织体系抗风险能力。

2. 建立多层次金融市场，拓宽融资渠道

积极发展直接融资，把推进企业上市扩大资本市场直接融资作为优先战略，特别是利用科创板的政策机遇。科创板确定的六大行业与西安市硬科技"八路军"是高度契合的，目前已有西部超导、铂力特成功上市，持续推进陕西科技型企业上市力度，充分挖掘西安科技优势，转化经济发展科技驱动力。发展私募投资基金，推动创业投资和风险投资，丰富金融科技产品，完善区域性股权市场，支持企业发行各类债务工具融资，扩大直接融资中债券融资。

3. 加强重点领域风险处置，消除金融风险隐患

风险往往是从一个或几个点开始，需要重点领域集中防范，加快推进长安金融资产管理公司筹建，从区域性和行业性两个维度对陕西省金融业不良资产继续稳步化解；抓紧排查高风险企业的债务违约风险和股权质押风险，特别是僵而不死的"僵尸企业"隐形风险；做好地方政府隐性债务化解和政府融资平台转型，分类处置存量债务，严格控制增量债务。

4. 引入新一代信息技术，建立区域风险预警指数及系统

构建以区域宏观经济运行、区域金融机构、区域金融生态环境三个维度为一级指标的区域金融风险监测预警体系，并且在一级指标基础上，深化细化二级甚至三级指标，从而监测金融风险整体和局部的变化情况，为科学制定金融风险防范化解措施提供有力依据。构建非法集资大数据监测预警平台，妥善处理历史积累非法集资刑案。

5. 加强金融安全的领导与监督，完善地方金融监管机构和体制建设

以管住人、看住钱、扎牢制度防火墙为宗旨。建立地方金融监管局与金稳会办公室对接并报告的常态化工作机制，中国人民银行内设的金稳会办公室秘书局承担地方金融管理相关工作。按照权责对等原则，明晰地方政府属地风险处置责任。对地方实施监管的机构场所的风险处置，地方政府既要承担机构股东、高管人员自救之外的资金救助责任，也要承担维持社会稳定的责任。

6. 建设西安丝路经济带金融中心

发挥西安金融集聚、辐射、带动全省经济发展作用。明确"三步走"战略目标，优化空间布局，大力推进丝路国际金融中心建设。同时，依托全国第三批自贸试验区政策支持，在陕西自贸试验区西安区域内积极发展离岸金融业务，扩大自贸金融等领域的开放与合作，增强国际金融服务功能。利用正在制定《陕西省自贸试验区三年行动方案》，将上述工作落实到具体的项目和时限，争取在三年内初步建成丝路国际金融中心，并形成科技金融、文化金融、军民融合金融、能源金融、物流金融、绿色金融及离岸金融七大特色金融。

Research on the Prevention and Mitigation of Regional Systemic Financial Risks in Shaanxi Province in the Period of Economic Transformation

Zhou Ali

（Xi'an Municipal Party School of CPC）

Abstract: Economic transformation is a "thrilling leap" in the evolution of economic development to a higher level, a more complicated division of labor and a more reasonable structure. In this process, various risks are prone to high incidence and are likely to be released in a concentrated way. In addition, external environment interference has caused severe vibration in the stock and foreign exchange markets, which has increased downward pressure on economic operation. We must put prevention and mitigation of major risks in a more prominent position. Shaanxi has risen from an economically underdeveloped province to a moderately developed province. Its development process has accumulated a large number of contradictions. It is necessary to continuously resolve this risk and ensure the high-quality development of Shaanxi's economy. This article mainly elaborates from the aspects of literature review, the significance of risk prevention, hidden financial risks and prevention and resolution of financial risks.

加快金融供给侧改革　　防范化解系统性金融风险

蒲丽娟　张　瑞

（中共四川省委党校、四川行政学院，成都师范学院）

摘要： 党的十九大以后，党中央强调要把防风险作为今后一个时期我国金融工作的重中之重，并将防范化解重大风险列为决胜全面建成小康社会的三大攻坚战之首。2019 年 2 月，中央又明确指出"防止发生系统性金融风险是金融工作的根本性任务"，并首提"金融供给侧改革"。本文首先分析了系统性金融风险的涵义及当前宏观审慎监管下的金融风险研究趋势，其次从宏观、中观和微观三个层面剖析了当下我国金融风险的表现形式，并结合服务实体经济转型发展的"金融供给侧"改革思路，提出了当下防范和化解金融风险的一些思考和建议。

一、系统性金融风险的涵义及研究进程

金融风险指的是与金融相关的风险，如金融市场风险、金融产品风险、金融机构风险等。系统性金融风险主要包括因政策、宏观、流动性、灾害等外部因素引发的金融风险，将对市场所有的参与者产生影响，无法通过分散投资等方法来加以消除。一旦发生系统性风险，金融体系运转失灵，将会导致经济秩序的紊乱，甚至引发严重的社会危机。维护金融安全，是一件关系我国经济社会发展全局的带有战略性、根本性的大事。

自 2008 年美国金融危机以来，全球金融风险监管思潮、理念和框架均发生了改进，《巴塞尔协议Ⅲ》也在具体监管框架上进行了微观审慎和宏观审慎相结合的办法。这期间关于系统性金融风险的研究和改进主要包括时间和空间研究两个方面。

一方面是在时间维度上，如何准确衡量和估测系统性金融风险随时间的累积。代表性的主要研究有：德尼科洛和济慈（De Niccolo and Kyats，2008）利用所有银行之间的双边相关性的均值来衡量银行部门的系统性风险。[①] 其研究表明，系统性风险随着相关性增加而增大。此外，戴维斯和凯瑞姆（Davis and Karim，2008）提出

---

① Xavier Freixas，Luc Laeven，José-Luis Peydró，*Systemic Risk，Crises and Macroprudential regulation*. The MIT Press. 2015：33.

了早期预警系统（early warning systems，EWSs），能防范银行业潜在危机的发生。[①] 莱哈尔（Lehar，2010）等也利用相关性作为系统性风险的度量指标。[②] 格雷等人（Gray et al.，2011）通过或有权益分析法来分析宏观金融风险，指出政府的隐性担保是联系政府、银行和企业之间宏观风险传染的纽带。[③] 塞戈维亚诺和古德哈特（Segoviano and Goodhart，2013）则通过考察银行系统内单个银行之间的困境依赖性定义了一套银行稳定性的度量指标。[④] 米示拿和梅斯纳（Mishna and Tessier，2008）则采用 VAR 模型，度量整个金融体系的系统性风险和金融不稳定性，描述与追踪冲击在经济体范围内的传导。[⑤] 加拉蒂和梅斯纳（Galati and Messner，2016）也利用该方法计算结构冲击的脉冲响应来实现风险压力测试。[⑥]

另一方面是在空间维度上，如何甄别单个金融机构的风险和测度金融风险的传染。此类方法一般将金融系统看作一个由单个金融机构构成的"资产组合"，并利用银行资产收益的尾部统计性质来构建系统重要性指标。[⑦] 代表性研究主要有：德豪尔赫（de Jorge，2009）提出以单个金融机构的尾部贝塔，即银行指数暴跌时，通过银行股票价格急剧下跌的概率，来度量单个银行金融机构的系统

[①]　刘莉亚、梁琪：《系统性金融风险的防范与化解》，《经济学动态》2019 年第 6 期。

[②③]　聂晋：《基于宏观审慎视角的金融风险研究》，华中科技大学 2016 年。

[④⑤⑥]　Systemic Risk，Crises and Macroprudential regulation［M］. Xavier Freixas，Luc Laeven，José-Luis Peydró. The MIT Press. 2015：33—45.

[⑦]　田娇、王擎：《银行资本约束、银行风险外溢与宏观金融风险》，《财贸经济》2015 年第 8 期。

重要性。[①]阿查里雅（Acharya et al.，2010）把金融机构用于对其资产进行风险管理的期望损失方法拓展到衡量整个金融部门的系统性风险，提出了系统性期望损失概念。[②]基于阿查里雅等人的研究，布朗·利斯等人（Brown lees et al.，2011）利用DCC-GARCE与非参数尾部估计来测算边际期望损失，从而动态地考察单个金融机构对系统性风险的贡献。[③]阿德里昂和布伦纳·迈耶（Adrian and Brunner Meier，2010）则基于风险价值（VaR）提出了条件风险价值（CoVaR）概念，即单个金融机构出现危机时整个金融系统的风险价值，并以此来度量单个金融机构的风险外溢程度及其系统重要性。[④]

但是，金融风险有时候存在于两个维度上，这是一个有机的整体，对两个维度的同等重视是实施有效金融监管强有力的保障。因此，能同时考察系统性金融风险时间与空间（或横截面）二维特征的方法现最被广为推崇。[⑤]

2018年国务院金融稳定发展委员会成立，把防控金融风险上升到治国理政和国家战略的高度，通过宏观审慎原则监控金融风险，并定期发布风险形势。以下为笔者梳理的近年来国务院金融稳定委员会部分重要会议的内容（见表1），通过风险揭示可以观察我国目前金融风险的主要表现。

[①②] Franklin Allen，Ana Babus，Elena Carletti，Asset commonality, debt maturity and systemic risk，*Journal of Financial Economics*. 2012（06），pp.14—16.

[③④] Xavier Freixas，Luc Laeven，José-Luis Peydró，*Systemic Risk*，*Crises and Macroprudential regulation*. The MIT Press. 2015：33.

[⑤] 王道平、小云、方意：《中国系统性金融风险：测度与宏观审慎监管》，经济管理出版社2018年版。

表 1　国务院金融委会议部分内容

会议	2018年7月2日第一次会议	2018年8月初第二次会议	2018年8月24日专题会议	2018年9月7日第三次会议	2018年10月20日专题会议	2019年7月20日发布文件
总体形势	金融运行整体稳健	金融形势总体向好	*	经济金融保持稳定发展态势	延续稳中有进的基本态势	*
会议内容及风险揭示	机构野蛮扩张行为收敛，金融乱象得到初步遏制，市场约束逐步增强，市场主体心理预期出现及变化，审慎经营理念得到强化	金融机构合规意识增强，野蛮扩张、非法集资等金融乱象初步遏制，金融风险由发散状态向收敛状态转变	网贷领域和上市公司股票质押风险整体可控	市场流动性合力充裕、信贷市场、债券市场、股票市场平稳运行，人民币汇率保持合理稳定，各类金融风险得到防范化解，金融市场风险意识和市场约束逐步增强	市场流动性总体上合理充裕，人民币汇率弹性增强并保持基本稳定，部分机构前期盲目扩张行为明显收敛，但积累的一些风险和矛盾也在水落石出	"宜快不宜慢、宜早不宜迟"的原则，在深入研究评估的基础上，推出以下11条金融业对外开放措施
杠杆方面	结构性去杠杆有序推进	宏观杠杆率趋于稳定	*	供给侧结构性改革持续深化	结构性去杠杆稳步推进	*

资料来源：中国政府网 http://www.gov.cn/index.htm。

二、当前金融风险的主要表现形式

从宏观层面看，我国当前最大金融风险不是杠杆率的绝对水平，而是地方政府和国有企业杠杆率较高的结构性风险，以及经济增速逐渐下行所可能引发的债务偿还风险。从中观层面看，我国的金融风险主要是金融业跨行业、跨市场、跨区域的交叉传染风险。从微观层面看，金融风险主要体现为金融机构的自身风险。

1. 宏观层面——债务偿还风险

截至 2018 年年末，已公布的地方政府债务余额 18.39 万亿元，如果以债务率（债务余额/综合财力）衡量地方政府债务水平，2018 年地方政府债务率为 76.6%，低于国际通行的 100%—120% 的警戒标准。加上中央政府债务余额 14.96 万亿元，按照国家统计局公布的 GDP 初步核算数计算，政府债务的负债率（债务余额/GDP）为 37%，低于欧盟 60% 的警戒线，也低于主要市场经济国家和新兴市场国家水平。规模以上工业企业资产负债率为 56.5%，比上年末下降 0.5 个百分点。

但事实上，地方政府债务除了有以上显性债务外，还有不少隐性债务，尽管中央关于隐性债务的两份重要文件——中发〔2018〕27 号文和中办发〔2018〕46 号文没有对外公开，但根据 2018 年地方政府披露的隐性债务摸底排查结果，可以从以下几个维度来对政府债务进行归类（见表 2）。

表 2　地方政府债务归类

政府债务分类	直接负债	或有负债
显性	由国家法律或合同明确规定，不依赖任何具体事件发生，必须由政府偿还的债务	以法律或合同形式确定的，在某一特定事件发生情况下需要由政府偿还的债务，如担保、承诺等形式的债务
隐性	源于政府中长期公共政策，没有以法律、合同明确规定的政府债务，如养老金缺口等	没有纳入政府预算，但在市场失灵、风险爆发、迫于公共利益等条件下，政府不得不偿还的债务，主要由私人风险转化而来

　　根据以上分类，结合当前不同口径的统计数据，可以将政府债务规模做以下梳理（见图 1）。可见，不同统计口径下的政府债务规模的差异较大，按 wind 口径所得的显性债务约 27 万亿元，若再加上中央政府债务，债务负债率已接近欧盟 60% 的警戒线；若按照国际常用的 1∶1 的显隐性债务占比测算分配，整体上地方政府债务可能将超过 50 万亿元，相比于 90 余万亿元的 GDP 和 11 万亿元的公共财政收入，防范政府债务风险任重道远。

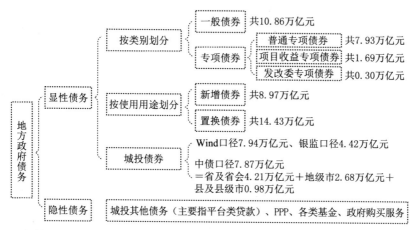

资料来源：根据《博瞻智库》整理（数据截至 2019 年 3 月）。

图 1　不同统计口径下地方政府债务分类及规模

2. 中观层面——交叉传染风险

从金融行业的角度看，早期经济发展的良好预期和稳定的环境导致金融部门大力创新金融产品，形成越来越复杂的金融产品体系，资金在跨市场、跨机构、跨产品主体、跨地域之间流动。在这一过程中，产生了期限错配、流动性转换、信用转换以及杠杆层层叠加等潜在风险。具体表现为：一是许多产品最终投资于国有企业、地方融资平台和房地产，在当前经济下行压力下，融资主体信用违约风险可能导致风险传染。二是交叉性金融产品涉及的金融机构和产品嵌套层次越来越复杂，各参与主体的权利义务关系不清晰，缺乏充足的风险补偿安排。三是交叉性金融产品中存在多层结构化安排，叠加放大资金杠杆倍数，存在资金最终投向与实际投资者的风险承受能力不匹配问题。

3. 微观层面——金融机构自身风险

目前，很多金融机构热衷通道、同业、交易类业务，脱离真实需求进行自我创新、体内循环，容易形成金融泡沫，金融系统自身风险急剧上升。例如，银行业存在银行不良贷款风险、影子银行风险；资产管理行业存在发展不规范、多层嵌套、刚性兑付、规避金融监管和宏观调控等问题；金融控股公司快速发展，部分企业热衷投资金融业；一些互联网企业以普惠金融为名，行庞氏骗局之实；证券市场业，股票质押规模和比例不断攀升，这些金融乱象都将会引致金融风险，值得关注和防范。

三、加快推进金融供给侧改革及其对
防范风险的影响及措施

1. 金融供给侧改革的提出与内在要义

2019 年中共中央政治局第十三次集体学习，聚焦金融领域两件大事——完善金融服务和防范金融风险，其中明确提出"防止发生系统性金融风险是金融工作的根本性任务"，并首提"金融供给侧改革"。

我国的供给侧结构性改革大致经历了实体经济的去产能、金融领域的去杠杆和金融供给侧改革三阶段。金融供给侧结构性改革是针对金融业当下不适应经济高质量发展要求而进行的战略部署，标志着金融工作的重心将从注重"量"转为注重"质"的发展。只有全面理解金融供给侧改革，才能在防范和化解金融风险中做到未雨绸缪，并推进经济的高质量发展转型。近年来，我国金融市场乱象频出、无序创新，金融风险呈现出多发和频发态势，这也加大了金融体系自身的系统性风险，也对经济增长形成了拖累金融。所以在金融供给侧改革的过程中，金融政策收紧是目前的必然选择，金融自身的补短板将成为金融工作重点，缓解融资难融资贵、服务好实体经济转型发展则是重中之重。

2. 政策收紧强化监管是化解金融风险必要举措

以金融行业为代表的虚拟部门往往是快变量，能够根据经济形势、政策风向的变动，快速做出反应。而以产业为代表的实体部门往往是慢变量，需要一段时间才能反应，这就导致虚拟经济变动与实体经济响应之间存在"时滞"。"去杠杆"是近年来金融工作的重点之一，目前以结构性去杠杆为基本思路，分部门、分债务类型提出不同要求，金融机构、地方政府、企业，特别是国有企业要尽快把杠杆降下来，防患于未然，提前化解金融风险。

我国是银行主导的金融体系，故银行体系是系统性金融风险发生的高危区域。截至 2019 年一季度末，我国金融业机构总资产为 302.71 万亿元，其中银行业机构总资产为 275.82 万亿元，占比91.1%，但银行业中监管套利、通道业务、链条过长等导致了资金的脱实向虚。通过控制房地产金融的规模、组建债务会等措施帮助化解银行贷款风险，积极推进金融供给侧改革。

3. 服务实体经济发展是防控金融风险重要方面

首先，要有不断完善金融服务平台与政府管理体系。截至 2018年 2 月末，M2 同比增长 8%，社会融资规模存量同比增长 10.1%，保持了平稳增长。前两个月，人民币新增贷款 4.1 万亿元，同比多增 3748 亿元；社会融资新增 5.3 万亿元，同比多增 1.05 万亿元。社会融资同比增速连续两个月均高于 2018 年年末，连续下滑的态势得到遏制。2018 年支付业务统计数据显示，全国支付体系运行平稳，社会资金交易规模不断扩大，支付业务量保持稳步增长。

其次，金融机构要有敢于进取与合法合规的创新力。金融服务实体经济实现的前提，是金融业要发展成熟和完善到足以支撑和服务于实体经济的发展。作为创新的金融衍生品，应该能对冲实体经济将来的风险，而不是增加实体经济的负担，回归金融的本源。在资金端上，要增加多层次金融产品的供给，丰富居民和企业投资渠道，加强股票、债券、基金、理财、保险等金融产品布局，降低房地产在居民资产中的配置比重，提高技术和科技类资产抵押的比例，创新金融产品抵押方式。从融资端来看，要改善金融和实体经济的供需结构，引导资源向效率更高的领域，避免资金过度流向杠杆过高的领域，将资源向效率更高的民企、小微企业和新兴科创企业倾斜。

再次，实体企业要有锐意进取和运营水平的不断提高。"金融服务实体经济"原则需要实体企业通过自身努力认真经营，彻底地放弃过去"等、靠、要"的观念。"被服务"不等于"被侍候"，再好的金融市场也救不了不善于经营的实体企业。实体部门与虚拟部门不是完全对立的关系，而是相互联系的组合。短期去杠杆导致了金融紧缩，但要把握节奏，否则在推动金融去杠杆、虚拟部门"缩水"的同时，也会引发慢变量的实体经济同步"脱水"。所以，也要大力布局针对战略性新兴产业、服务业，以及现代制造业等相关产业，提高虚实结合的匹配度。中国智造、中国创造、中国制造需要同步在路上。

Accelerate the Reform of Financial Supply Side to Prevent and Defuse Systemic Financial Risks

Pu Lijuan，Zhang Rui

（Sichuan Provincial Party School of CPC　Sichuan

Administration Institute，ChengDu Normal University）

Abstract: After the 19th CPC national congress，the CPC central committee stressed that risk prevention should be the top priority of China's financial work in the coming period，and that preventing and defusing major risks should be the first of the three major battles to win the building of a moderately prosperous society in all respects. In February 2019，the central government clearly pointed out that "preventing the occurrence of systemic financial risks is the fundamental task of financial work"，and first proposed "financial supply-side reform". This paper analyzes the systemic financial risk's connotation and the current research trend under the macro-prudential regulation of financial risk，then analyzes the current forms of financial risk in China from the macro，meso and micro levels. Combined with the reform of the "financial supply side" of the service entity economy transformation and development，some suggestions and suggestions for preventing and defusing financial risks are put forward.

完善信息披露制度，落实好以信息披露为核心的注册制

陈　燕

（四川省委党校）

摘要： 2018 年 11 月 5 日，习近平主席在首届中国国际进口博览会开幕式上宣布，将于上交所设立科创板并试点注册制。作为以信息披露为中心的股票发行上市制度，这一决策对资本市场的信息披露提出了新的要求。之前由于制度环境的缺乏，我国资本市场的信息披露质量较差，急待提升。文章从理论分析和制度实践出发，分析了科创板相关信息披露制度相对于主板进行的创新和改进；以及和成熟注册制资本市场比较存在的缺失与不足，并在此基础上尝试就如何完善注册制下的信息披露制度提出自己的看法和建议，以期有助于注册制的稳步推进。

一、引　言

2018 年 11 月 5 日，习近平主席在首届中国国际进口博览会开幕式上宣布，上海证券交易所将设立科创板并试点注册制，支持上海国际金融中心和科技创新中心建设，不断完善资本市场基础制度。2019 年 1 月 23 日，习近平总书记主持召开中央全面深化改革委员会第六次会议并发表重要讲话时指出，要稳步试点注册制，统筹推进发行、上市、信息披露、交易、退市等基础制度改革，建立健全以信息披露为中心的股票发行上市制度。2019 年 7 月 30 日，中央召开的政治局会议再次提及科创板时也非常明确地指出了三点内容：一是要明确科创板的定位；二要落实好以信息披露为核心的注册制；三要提高上市公司的质量。不论是落实以信息披露为核心的注册制还是提高上市公司质量，都与建立完善的信息披露制度密切相关。

2019 年 7 月 31 日，上海证券交易所科创板官网"项目动态"页面有 85 家企业显示为"中止"状态，在上交所受理的 149 家科创板公司中占比为 57%，如果除去已经注册通过的 28 这公司，那么中止审核的比例高达 70%。这 85 家公司为什么会被上交所中止审核？其实原因很简单，因为这 85 家公司招股说明书中的财务报表信息没有及时更新，违背了科创板股票发行上市审核的相关规定，如果这些公司在三个月内补充提交了有效财务信息，上交所方可对其恢复上市审核。①

从这里我们可以发现一个信号，虽然科创板与主板、创业板比较起来上市门槛更具包容性，但是却更加强化了上市公司的信息披露，在规则的执行力度上更具刚性。毕竟科创板成功的关键在注册制，而注册制改革的核心内容就是信息披露。

二、信息披露是注册制的核心和灵魂

对于上市公司而言，所有者与经营者相分离的特殊构造使得二者之间存在天然的"信息不对称"，上市公司只有及时、充分、完整地披露信息才能使公司的价格不会与其价值偏离。如果资本市场的股价总是或者经常偏离基本面、长期虚高，那么，就会催生过多的投机，把社会资源过多地配置于泡沫行业，不但让投资者蒙受重大损失，也是一种巨大的社会资源浪费。尤其是试点注册制的科创板，上市门槛进一步降低，尚未盈利的企业、存在特殊股权结构的企业都可在科创板上市，上市标准也更加多元化。同时，监管部门也不再对上市公司进行实质性审核，只对注册文件进行形式上的审查，并且不负责保证上市的公司都是优质公司，而是通过信息披露这一"炼金术"，由投资者自行对投资的收益与风险做出价值判断。

―――――――

① 载上交所官网 http://kcb.sse.com.cn/renewal/。

那么如何才能避免坏公司以次充好，泛滥于科创板？按照成熟资本市场的经验，市场的包容性越高，监管就应该越严厉。在这种情况下，信息披露作为注册制的核心，自然成了各方关注的焦点。

信息披露是保证上市公司质量的基石，也是保护投资者利益的核心。高质量的信息披露有助于抑制处于信息优势的证券发行方，利用虚假披露或选择性披露等手段来虚增发行企业的价格；也有助于投资者通过信息对发行方进行充分了解，从而做出合理的投资决策。只有这样才能降低市场供需双方信息不对称的程度，避免逆向选择和道德风险，使得市场成为一个信息透明的市场，提高资源配置效率。

保证披露信息的真实、准确、完整一直是我国资本市场对信息质量的基本要求。其实，这个要求并不高。然而就是这不高的要求，一些上市公司依然达不到。我国资本市场恢复的近30年中，虽说监管部门针对提高信息披露的质量出台了多项法规，如《首次公开发行股票并上市管理办法》《上市公司信息披露管理办法》等，但实践中上市公司披露的信息内容仍然不能作为投资者进行价值判断的标尺。不仅如此，资本市场还出现了层出不穷的利润操纵、财务报表粉饰、虚假披露的案例，远的有琼民源、世纪星源；中间有银广夏、蓝田股份；最近的有康美药业、康得新等。这一系列的信息造假严重打击了投资者对资本市场的信任，使得投资者原本最应该关注的"信息"成了鸡肋，转而去关注政府政策的变动，以此作为衡量公司价值升降的标准，最终导致资本市场资源错配。

而于2019年7月22日正式开板的科创板，区别于主板、创业板最大的不同就在于试点了注册制，而原来实行的是核准制。在注册制下，监管部门不再具有"父爱情结"，不再对发行主体承担实质审查和价值研判的职能[1]，仅仅对通过交易所审核的公司实施注册。而发行主体所披露的信息是否充分而准确、财务状况是否真实，由发行人自身、交易所、证券机构层层负责和把关。而发行主体是否具有投资价值，则由投资者根据市场上的公开信息来自主判断。所以，从这里可以看出，信息披露是注册制的核心和灵魂。注册制就是要依靠信息披露为资本市场中的供需双方搭建满足完整、准确、及时、真实等要求的信息桥梁，以信息披露为纽带实现资本市场与实体经济的直接对接，最大化实现市场在资源配置中的决定性作用。

目前已经开板的科创板相对于核准制下的信息披露制度进行了哪些变革？与国外成熟的注册制资本市场信息披露制度比较起来，还存在哪些缺失与不足？又应该如何布局信息披露制度建设？本文拟从以下几方面进行分析与思辨，希望为我国注册制的成功推进提供参考。

三、应强化风险信息的充分披露

科创板上市公司与一般企业差别较大，它们大多为高科技企业，发展初期资金需求量大，投资回报期长，而且盈利非常不稳定，经

---

[1]　邢会强：《股票发行注册制成功实施的三个体制机制条件》，《财经法学》2016年第5期。

营风险非常大。为落实好以信息披露为核心的注册制,提高信息披露内容的质量,中国证监会和上海交易所出台了一系列的规章和制度。例如,中国证监会于 2019 年 3 月 1 日发布的《公开发行证券的公司信息披露内容与格式准则第 41 号——科创板公司招股说明书》,上交所于 2019 年 3 月 1 日发布的《上海证券交易所科创板股票发行上市审核规则》等。这些规章和制度对科创板的信息披露内容提出了相应的要求。与主板和创业板比较起来,科创板的信息披露内容更注重全面性、可理解性和有效性,更重要的是突出了对公司风险因素的披露。①

不可否认,与主板和创业板的风险信息披露内容比较起来,科创板已经有了长足进步。但注册制在成熟资本市场国家已经实施多年,对于风险信息的充分披露已经有了较成熟的框架和经验。与这些国家比较起来,我国科创板公司对于风险信息的披露还存在一定的差距,需要进一步强化(见表 1)。

表 1　主板、科创板及美股风险因素披露篇幅和数量比较

主板公司名称	风险因素所占篇幅	风险因素数量	科创板公司名称	风险因素所占篇幅	风险因素数量	美股公司名称	风险因素所占篇幅	风险因素数量
中国平安	2.02%	10	广东嘉元	1.99%	21	壳牌石油	2.11%	22
贵州茅台	1.02%	4	华兴原创	2.05%	23	阿里巴巴	15.60%	81

---

① 载证监会官网 http://www.csrc.gov.cn/pub/newsite/。

（续表）

主板公司名称	风险因素所占篇幅	风险因素数量	科创板公司名称	风险因素所占篇幅	风险因素数量	美股公司名称	风险因素所占篇幅	风险因素数量
海康威视	0.53%	7	二十一世纪空间技术	1.64%	29	伯克希尔哈撒韦	3.30%	13
奇虎三六零	1.20%	4	深圳传音	1.74%	20	高通	12.60%	25
中国石油	1.09%	8	微芯生物	3.93%	44	苹果	8.54%	24
药明康德	0.99%	6	福建福光股份	1.99%	19	强生	3.68%	12
平均	1.14%	6.5	平均	2.22%	26	平均	7.64%	29.67

资料来源：恒大研究院，上海交易所官网。

从表 1 中我们可以发现，科创板公司所披露的风险因素所占篇幅和风险因素的数量都已大大高于主板公司，这说明在科创板信息披露规则中已经十分强调风险信息披露的重要性，但是这些规则并未成体系。而且，在关注风险形成的特质性上，制度文件的实施细节不够充分，易导致理解不一，执行不实。[①] 所以在实践中，发行人对公司风险信息披露的详细程度往往不够。而在注册制实施时间最久的美国，对风险因素的披露往往被放在最重要的位置同时披露也非常充分。以奇虎 360 在美国退市前最后一期报表为例，对风险因素内容的披露放在了报表摘要之后，位置非常醒目靠前，

---

① 陈邑早、陈艳、王圣媛：《以科创板注册制为起点建设高质量信息披露制度》，《学习与实践》2019 年第 4 期。

披露的风险信息内容一共有 23 页，披露的风险因素共分为 Risks Related to Our Business（此类下有 26 项风险因素）、Risks Related to Our Corporate Structure（此类下有 6 项风险因素）、Risks Related to Regulation of Our Services and Products（此类下有 5 项风险因素）、Risks Related to Doing Business in China（此类下有 14 项风险因素）、Risks Related to Our ADSs（此类下有 14 项风险因素）。算下来 360 在美国披露的信息共涵盖了五大类 65 项风险因素，而且每一项风险因素下面都有非常详尽的说明。例如，关于 360 在美国存托股的价格变动风险就列举了 11 项可能性。[①] 而奇虎 360 从美国证券市场私有化回归 A 股后披露的风险因素只有 2 页共 4 项。若以在科创板上市的同属于科技公司的广东嘉元科技股份有限公司为例，其在招股说明书中所披露的风险因素，只有 9 页，涵盖 9 类 21 项风险因素且每项因素都只是泛泛而谈，点到为止，没有更多的数据，也没有深入的解释。同时，从表 1 我们还可以发现，在实践中美股对风险信息披露的整体篇幅平均比重为 7.64%，远高于科创板的 2.22%；风险因素的数量美股表中的平均数为 29.67，也高于科创板的 26 项。

另外从所披露的风险内容来看，科创板公司往往更多是涉及宏观政策风险、行业风险，汇率变动风险、税收优惠风险等，而企业本身特定的风险谈得比较少。在域外成熟注册制的资本市场对于风险因素更强调非系统性风险的披露，即公司特有的风险，对这些风

---

① 数据来源于 WIND。

险也谈得非常详细。正如前文所述奇虎 360 在美国披露的风险信息，仅仅对于存托股的价格变动风险就详细列出了以下 11 项因素：行业监管的发展；公司季度业绩的实际或预期波动；证券分析师的财务估计变化；负面宣传，研究或报告，包括由卖空组织发布的报告；互联网和移动安全行业的改变；公司业绩变动；公司及同行或可比公司的估值变动；公司新服务，新收购，战略合作伙伴所涉及的竞争对手的公告；合资企业或资本承诺；高级管理层的变更；人民币与美元的汇率波动；额外普通股或 ADS 的销售或预期销售额。然后，在这些因素前后又用了将近一页的篇幅做了深入解释。反观广东嘉元所披露的股票价格变动风险，"除受到经营和财务状况的影响之外，公司的股票价格还将受到科创板交易制度、行业状况、资本市场走势、市场心理和各类重大突发事件等多方面因素的影响"。①从这里我们可以明显看出，美国资本市场中的风险信息披露更加充分和全面，投资者也可以了解到更深入的信息，从而做出合理决策。

另外在成熟注册制资本市场中，公司除了要披露风险因素是什么，必要时还得进行"为什么"和"会怎样"的补充说明。通过这样全面的风险信息披露，帮助投资者明确风险因素产生的原因及其可能产生的后果，并借此提高投资决策质量，减少整个市场的资源错配。②而大多科创板公司在披露风险信息的时候，少有对风险后

---

① 上交所：《广东嘉元科技招股说明书》。
② 陈邑早、王圣媛：《论中国式注册制信息披露革新：理念、实践与建议》，《当代经济管理》2019 年第 7 期。

果做深入解释的，很少有公司会对风险到底会产生哪些不种影响、影响的程度有多大进行阐述，这样的风险信息不够充分和全面。好在上交所多次公开发布审核问询和回复情况，并针对审核问询中的信息披露普遍问题进行归纳和说明。2019 年 8 月初，上交所科创板上市审核中心向券商下发《关于切实提高招股说明书（申报稿）质量和问询回复质量相关注意事项的通知》，要求风险因素中要求发行人结合公司实际情况做风险提示，提高风险因素披露的针对性和相关性，尽量对风险因素做定量分析，对导致风险的变动性因素做敏感性分析。无法进行定量分析的，应有针对性地做出定性描述。所以在风险因素的披露方面，下一步还建议监管部门统筹细化不同情境下的风险信息，制定披露细则，以此督促和引导发行人、中介机构进一步全面充分披露公司的风险信息。

四、大幅提高违规成本

信息披露除了要全面充分以外，另外一个更重要的要求是真实、准确。如果一个公司通过披露虚假信息上市或者抬高公司的价值，那么对投资者来讲是一种恶意欺诈，对整个资本市场的生态系统也会造成极大的破坏。

由于信息披露是资本市场基础设施的重头戏，所以美国在经历了 1929 年的"黑色星期二"以及随之而来的经济大萧条后，就特别注重法律对信息披露的规范和约束。从 1933 年的《证券法》，到 1934 年的《证券交易法》，一直到 2002 年的《萨班斯法案》，都对违规信息披露制定了极具震慑力的处罚措施，从刑事、行政及民事三方面全方位处罚。在美国资本市场上，2001 年安然公司的财务造假可说是一个里程碑式的案件。在那之前，美国的《证券交易法》规定，证券欺诈自然人最高可罚款 100 万美元，法人最高罚 250 万美元，刑罚最高为 10 年有期徒刑。2001 年，安然公司与当时"五大"之一的安达信会计师事务所合谋造假案曝光，美国 SEC 对安然公司开出了近 5 亿美元的天价罚单，同时起诉安然前高管和相关投行。安然前 CEO 最终补判处 24 年 4 个月徒刑以及 4500 万美元罚款，而花旗集团、摩根大通、美洲银行等被判向安然破产的受害者分别支付 20 亿美元、22 亿美元和 6900 万美元的赔偿金；安然的投资者也通过集体诉讼获得高达 71.4 亿美元的和解赔偿金。① 也正是安然事件促使美国出台了 2002 年的《萨班斯法案》，该法案将证券欺诈的刑罚提高至最多可判处 25 年监禁。

我国对证券欺诈的法律规定散见于各种法律。《刑法》规定：违规披露、不披露重要信息罪对个人处罚金 2 万元—20 万元，最高刑期 3 年；欺诈发行股票、债券罪，处五年以下有期徒刑或者拘役，并处或者单处非法募集资金金额百分之一以上百分之五以下罚金。《证券法》规定：违反信息披露规定的个人罚款 3 万元—30 万

---

① 让造假者倾家荡产的美国股市，载网易新闻 http://view.163.com/special/reviews/financialfraud0528.html。

元，法人罚款在30万元—60万元；另外《会计法》《公司法》也有相关的处罚规定。我们可以发现，与成熟资本市场比较起来，我国对信息披露违规或违法的处罚力度很轻，与相关公司通过虚假披露所获得的巨额收益比较起来，这样的处罚力度无异于鼓励犯罪。在我国资本市场上具有里程碑式的"银广夏造假"案中，董事长被判处有期徒刑3年，罚款10万元，而银广夏也是我国资本市场上第一例由于财务造假进行民事赔偿的案例，民事赔偿案在5年后部分通过以股抵债方式达成和解；大部分通过宁夏高院终审判决银广夏赔偿7311.9万元，而银广夏的虚构利润是7亿元。2014年，南纺股份连续5年造假虚构利润3.44亿元，中国证监会最后给出的处罚是罚款50万元，相关责任人被处以3万元—30万元的罚款，被称为"史上最划算的保壳计划"。2019年年初，"白马股"康得新被曝4年虚增119亿元利润，公司股价直线下跌，市值蒸发近821亿元，而这蒸发的821亿元需由15.8万个股东承担，平均每个股东要承担近51万元的损失。而按照证券法的顶格处罚，康得新也不过是被罚款60万元，对董事长钟玉处以90万元罚款并终身证券市场禁入。[1]从这几起典型的财务欺诈案中，我们就可以发现上市公司的造假收益大大超过它们的造假成本，各个法律条款对它们起不到多大的威慑作用。

对科创板而言，确实从规则上提高了信息披露的质量要求，但

---

[1] 《焦点访谈"怒怼"财务造假点名康美药业、康得新等》，《中国基金报》2019年8月10日。

由于科创板对上市的公司更加包容，而且更加体现市场这只无形的手的作用，那么如何保证科创公司披露信息的真实准确就更是横亘在市场面前的一道难题。为解决这道难题，科创板在规则的制定上与主板、创业板有所区别。除了原有《证券法》《刑法》《公司法》等相关条款的规定，科创板明确指出发行人是信息披露的第一责任人，同时保荐人、券商保荐人、证券服务机等中介机构作为资本市场的守门人，也要对发行主体所披露的信息进行严格把关。此外，为保护投资者利益，科创板还引入了"跟投"机制，保荐机构需购入2%—5%自己所保荐公司的股份，且锁定期为24个月，旨在建立投行与投资者的利益一致性。2019年8月初，上交所下发《关于切实提高招股说明书（申报稿）质量和问询回复质量相关注意事项的通知》，其中有一条首次提出，当公司被认定欺诈发行时公司及其控股股东、实际控制人在中国证监会等有权部门确认后5个工作日内启动股份购回程序，购回公司本次公开发行的全部新股做出承诺；存在老股配售的，实施配售的股东还应当承诺购回已转让的原限售股份。从这里我们可以看出，科创板在保护投资者的利益不被虚假披露侵害方面已经有了长足的进步，但仍然还有很长的路要走。只有大幅度提高违规成本，严厉处罚信息造假行为，只要发行人或者中介机构存在违规违法的信息披露，就必须让他们受到倾家荡产的处罚，这样才能产生足够的威慑力，抑制上市公司造假的冲动，资本市场的信用基础才能得到提升。

具体来说，首先要加大处罚的力度。中国证监会数据统计显示，

2016—2018 年期间，中国证监会共处罚上市公司信息披露违法案件 170 件，罚款金额总计 20161 万元，市场禁入人数 80 人次，113 名责任人员被处以顶格罚款处罚，向公安机关移送涉嫌犯罪案件 19 起。① 虽说与前些年相比有了较大的增长，但与美国年均调查证券欺诈案件 757 件，年均 39.28 亿美元的罚没款比较起来力度还是不够。当然，这需要顶层制度建设的跟进。目前《刑法》《证券法》《公司法》以及其他披露规则在处罚力度的加大上尚没有跟进，虚假信息披露和财务欺诈的惩戒力度严重不足。这种立法上的缺陷，使得资本市场的虚假信息披露屡禁不止。但随着注册制的先行及稳步推进，相关法律的完善以及刑事责任、民事责任、行政责任的有效结合必将可期。

其次，要尽力消除投资者的维权障碍，提供更多的维权渠道。资本市场的投资者属于信息劣势方，而且大多是散户，也是弱势群体。从既往的财务欺诈维权案来看，投资者从立案到最后获得赔偿都要历经千辛万苦，最后还不一定能成功。比如我国也有集体诉讼制度，但集体诉讼的原则是"明示参加，默示放弃"，这样的规则其实不利于投资者。而美国的集体诉讼制度为什么有那么大的震慑力，一个重要原因正是因为其"明示放弃，默示参加"的原则。② 再比

---

① 《证监会严惩上市公司信息披露违法行为着力改善资本市场生态环境》，《上海证券报》2019 年 7 月 1 日。

② 任泽平：《注册制：一场触及灵魂深处的改革——中美股市监管比较视角》，《泽平宏观》2019 年 7 月 12 日。

如举证责任，如果由单个投资者来对一家公众公司的欺诈进行举证，那么难度是相当大的。美国在 2001 年安然事件后开户了举证责任倒置的制度，也就是说，由上市公司自己举证没有欺诈行为。这样的制度设计显然能更加保护投资者这个弱势群体。还有就是现有的诉讼程序其实是给投资者设置了相应的障碍。投资者要举证上市公司财务欺诈，就必须以证监会的行政处罚作为依据，然后才能申请法院立案。但由于法院的谨慎，立案成功的可能性不会很大，有些案件就这么不了了之。即使最后诉讼成功赔偿的执行还是个问题，投资者往往是赢了官司但拿不到钱。这些司法和执法上的缺陷，将会制约资本市场资源配置和价值创造的功能。所以对于新设立的科创板，我们需要消除投资者的面临这些维权障碍，障碍消除了，投资者维权的积极性也提高了，那么对上市公司的信息造假也有了相应的制衡。

最后，还应严格执行退市制度。对注册制而言，上市公司的门槛放松了，那么监管就应该更严厉。从信息披露的角度，科创板的相关政策规定，一旦上市公司出现包括信息披露严重违规，以及影响社会公共安全的重大事项等，即强制退市。也就是说，科创板设立了严格的退市制度。这对上市公司而言，当然是一个非常有威慑力的制度，因为一旦违规便再也没有机会，这会迫使上市公司在信息披露的时候尽力达到相关的要求。但要达到这个效果，还需要制度的严格执行。如果制度得不到有效执行，那么与没有制度就没什么区别。长期以来，退市一直是我国资本市场的"老大难"问题，因为背后涉及的利益错综复杂，所以从 1990 年证券市场恢复以来，我国退市的上市公司非常少，到 2019 年为止 A 股也仅仅只有 105 家公司退市，有 52 家因为连续亏损退市，9 家因为私有化退市，35 家因吸收合并退市，2 家证券置换退市，3 家因为暂停上市后未披露定期报告退市，2 家因其他原因退市，只有博元和欣泰两家公司是因为信息披露严重违规而退市。相对于主板那么多的财务信息违规披露案件，这个退市率确实太低，大量性质特别严重的财务造假公司仍然在主板进行交易。2018 年 7 月，中国证监会发布了《关于修改〈关于改革完善并严格实施上市公司退市制度的若干意见〉的决定》，明确规定上市公司构成欺诈发行、重大信息披露违法等行为的，证券交易所应当严格依法做出暂停、终止公司股票上市交易。这里的暂停仍然给信息造假的公司留下了辗转的空间。如果科创板不解决这一个顽疾，那么科创板将无法保证上市公司的质量，势必又将形成一个公司圈钱的场所，注册制基础上的科创板也将失去其战略意义。所以，对于新开设的科创板一定要坚持严格执行退市制度，一旦发现公司信息披露违法或违规，就应该直接退市，不能再设暂停上市和恢复上市。另外，还要建立严格规范的退市程序，一旦上市公司信息披露行为触犯了相关条款，就自动触发退市机制，严格进入退市流程，而不能像主板那样有的公司退市过程可以长达四年。严格的退市机制不仅能对投资者负责，而且还能为已上市的企业起到提供预警作用和借鉴防御的作用，促进上市公司主动对信息披露进行治理，使得留在科创板的公司都是高质量、有价值的公司。

五、强化横向监督

一个好的资本市场需要很多不同的角色和机构参与，监管层、会计师事务所、律师、投行等，每个角色不同但又必须相互独立尽责，否则，股权高度分散后的上市公司就将真的成为圈钱骗人的工具。[①]事实上，要把资本市场建好，除了以上相关机构外，还少不了社会的横向监督机制，这个机制包括媒体监督，做空机构及举报制度。主板在近30年的发展过程中，对于社会监督机制并不是很重视，所以沦为一个信息混浊的市场，无法高效发挥资源配置及产业引导的作用。而对于新开设的科创板，对我国中长期的经济发展具有重大战略意义。如果科创板能够健康运行，那么相关经验可以复制到主板，这对于金融支持科技创新、增强我国资本市场的竞争力非常重要。所以，为了让以注册制为试点的科创板健康发展，我们还应该强化横向监督机制。具体来说，可从以下两方面着手进行。

1. 强化媒体监督

媒体不仅是投资者信息的来源渠道，更重要的是对各方信息真实性和合规性的独立验证。虽然媒体并没有执法权，但是他们可以通过曝光的方式将信息披露违规的公司曝光，可以促使监管部门和

---

① 陈志武:《金融的逻辑》，国际文化出版公司2008年版。

利益相关者采取行动，同时也有助于上市公司信息披露透明度的改善。

耶鲁大学的陈志武教授曾做过一个研究。他发现一个规律，一个国家证券市场发展程度跟新闻媒体的开放程度呈显著的正相关，媒体监督越自由，证券市场越发达，买方和卖方间的信息不对称越低。所以，健康的证券市场需要有自由开放的媒体做保障，事实上在资本市场上，媒体一直是挖掘财务造假、大股东欺诈的主角。在我国，2001年曝光的性质恶劣的"银广夏造假案"是由《财经》杂志的两位记者调查披露的；2016年信威集团惊天骗局是由网易财经发布的调查报告；2017年尔康制药涉嫌严重财务舞弊是由一家叫做"市值风云"的自媒体首先发现的；而目前舆论讨论最多的康得新造假一案，2018年6月"市值风云"就发过一篇长文进行报道。而在国外，美国最臭名昭著的安然造假一案最早也是由《财富》杂志的一篇质疑文章开始的。所以对于科创板而言，既然是以"市场"进行主导，那么就应该强化媒体的监督作用，让媒体自由追踪报道上市公司的各种状况，而且在自由报道后不会有被打击举报的后顾之忧。这样对上市公司就会形成一种无形的压力，不敢随意披露虚假信息。因为一旦被媒体曝光，那么下一步就是退市及各种处罚。所以，这样的机制可以营造一个信息透明、健康的证券市场。

2. 完善做空机制

长期以来，我国资本市场一直注重做多而不注重做空。2019年

8月9日前，资本市场可融券的标的只有950家，8月9日经监管层放大杠杆后增加到了1600家。即使数量增加了，但融券的金额也远远小于融资的金额。截至2019年8月14日，沪深两市融资融券总额为8954.38亿元，占A股流通市值2.11%。其中融资余额8831.61亿元，占比98.62%；融券余额122.77亿元，占比1.38%。从这个对比强烈的数据就可以看出，主板市场是一个做多的市场。

已有的研究反复论证了，做空机制能够促使公司的负面信息被股价吸收[①]，从而提高定价效率和资本市场有效性[②]。而实证研究结果表明，卖空交易者对公司的财务借报和违规行为更加敏锐，他们能够更快地发现上市公司财务报表的虚报和谎报，并通过卖空挤出泡沫，使股份维持在一个更能反映公司基本价值的水平。[③] 卖空机制不但可以提高公司违规信息披露被发现的概率，还可以通过做空机制的威慑效应降低公司违规披露的倾向。而这两种方式都可以抑制上市公司信息披露违法、违规的行为。尤其是融券的余额越大，对公司的威慑作用也越大，因为一旦信息披露违规被做空机构发现，那么公司面临的将是股价一泻千里以及严苛的惩罚。如果公司的股票还进行了质押，那么这种威慑力还会被放大。所以做空机制本身

① Miller E M.，Risk，uncertainty and divergence of opinion，*The Journal of Finance*，1977.

② Boehmer，E，Wu，Short Selling and the Price Discovery Process，*The Review of Financial Studies*，2012.

③ 孟庆斌、邹洋、侯德帅：《卖空机制能抑制上市公司违规吗？》，《经济研究》2019年第6期。

也是另一种市场监督，将在无形中增加企业的违规成本。

在科创板成立之初，监管层就进行了允许做空的制度安排，不但上市首日就可以融资融券，而且还允许锁定期内的股份可以用于融券。在制度的鼓励下，科创板的融券余额远高于主板。2019 年 8 月 11 日，科创板上市公司融资余额 30.35 亿元，而融券余额有 29.24 亿元，占两融余额比例达 39.29%，远超 A 股不到 2% 的比例。另外还有 11 家公司融券余额大于融资余额。应该说，这是一个非常乐观的现象。由于卖空机制的存在，科创板的信息造假违规披露的现象一定会大大减少。

但做空机制还需进一步完善以发挥更好的效应。截至目前，科创板公司还较少只有 28 家，大多数股票价格都有了较高的涨幅，而暴涨之后容易有暴跌，所以目前科创板的做空机制需要防范风险的"防护垫"，可推出股指期货、对冲基金来平抑市场风险。同时，监管层还应告诫投资者理性投资，健全相关的配套规则，对恶意做空等行为进行打击和限制。如果制度细则和监管细则不完善，则很有可能会被投机者和操纵者利用。

本文从风险信息的披露、提高违规成本和强化社会监督三方面，对注册制下的信息披露制度的完善提出了自己的看法和建议。其实完善信息披露制度还涉及其他更多内容，如披露差异化的信息、中介机构的责任架构、信息披露的审核监管、个人举报制度的建立等。这些将是笔者以后进一步研究的方向。

Improve the Information Disclosure System and Implement the Registration System with Information Disclosure as the Core

Chen Yan

（Sichuan Provincial Party School of CPC

Sichuan Administration Institute）

Abstract: On November 5，2018，President Xi Jinping announced at the China Import Expo that we will launch a science and technology innovation board at the Shanghai Stock Exchange and pilot registration system. As an IPO system centered on information disclosure，this decision puts new demands on the information disclosure system of the capital market. Previously，due to the lack of institutional environment，the quality of information disclosure was poor and needed an urgent improvement. Based on theoretical analysis and institutional practice，the article analyzes the innovation and improvement of the information disclosure system of SSE STAR MARKET relative to the main board；and the lack and deficiency compared to the mature registered capital market. On this basis，we try to put forward our own views and suggestions on how to improve the information disclosure system under the registration system，with a view to contribute to the steady progress of the registration system.

科技金融协同发展推动经济高质量发展

孙鸿炜　黄旻露　张　伟

（沈阳市委党校，中国人民银行沈阳分行）

摘要：当前我国经济发展最鲜明、最突出的特征就是从高速增长转向高质量发展。这是由经济增长规律决定的。新常态遵循着增长发展这条主线，甚至更多基于发展侧重。从这个意义上讲，我国有能力、有条件、长期保持高质量发展的良好态势。通过现代金融、人力资源支撑科技创新，促进低阶段的生存创新转为高阶段的生态创新，继而通过科技创新振兴实体经济。沈阳作为装备制造业基地，科技金融协同发展对于企业发展、产业升级的意义尤为重要。

一、推动经济高质量发展的空间和可能

当前我国经济发展最鲜明、最突出的特征就是从高速增长转向

高质量发展。这是由经济增长规律决定的。经济增长,指的是一个经济体产品和劳务产出数量的增加。经济发展是指一个经济体随着经济增长而出现的经济社会整体演进和完善。具体地说,经济发展包括三部分:经济数量的增长、经济结构的优化、经济质量的提高。发展是不断实现结构突破的过程,结构优化背后是资源从低生产率部门向高生产率部门转移。对比看,我们发现经济发展是个大概念,经济增长蕴于发展之中。经济发展是目的,增长是手段。经济发展是质量和数量的统一,增长偏重于数量,它的衡量指标包括 GDP 总量、GDP增长率和人均 GDP 增长率等指标。经济增长是推动发展的首要因素和必要物质条件。没有经济增长就没有经济发展,但经济增长又不等同于经济发展,单纯的经济增长可能会出现只增长不发展的泡沫式扩张。对此,联合国公布了 5 种有增长无发展的情况,其分别为:无工作的增长、无声的增长、无情的增长、无根的增长、无未来的增长。[①]

新常态遵循着增长发展这条主线,甚至更多基于发展侧重。进入新常态后,我国经济发生了深刻变化,直接表现和首个特点是经济增速换挡。研究表明,经济体在高速增长之后,普遍出现了减速现象。周期理论和实践显示,经济从高速转向中高速还会出现一个拐点性的变化。我们以日本为例,日本在 1956—1973 年石油危机爆发前,将近 20 年的时间里平均增速为 8.4%,1974—1991 年回调到 4.1%,1973 年是日本从高速转向中高速的拐点。韩国从 1966—

---

① 姚洋:《发展经济学》,北京大学出版社 2013 年版。

1997 年东南亚金融危机爆发之前，30 多年保持了 9.6% 的高速增长，1998 年为这个阶段画上了句号，1998—2007 年期间，增速下降为 4.1%。 1997 年是韩国从高速转向中高速的拐点。1978—2001 年，我国总体平均增速始终保持在 10% 这个区间。按照中周期轨迹变化规律，我国经济于 2007 年见顶后调整，应该在 2012 年左右止跌回升。然而事实上是继续向下，从 2012 年的 7.7% 到最近的 6.6%。近几年趋势表明，2012 年是我国高速转向中高速的拐点。

即便是客观上的经济减速，经过仔细研究，我们又会有新的发现。日本属于台阶式减速，也就是说减速以后，经济增长的最高点，低于减速前经济增长的平均水平。韩国属于波浪式减速，减速后的增速最高点，虽然低于减速前的最高点，但是高于减速前的平均水平，出现了次高点。由于我国经济存在较为特殊的双重二元结构，理论上经济增长可以具有"多速非同步"特点。从而使我国经济增长的主要驱动力，可能呈现"此起彼伏"的接力状态，因此波浪式减速的可能性较大。从这个意义上讲，我国有能力、有条件长期保持高质量发展的良好态势。

二、金融科技协同发展推动实体经济高质量发展——以沈阳为例

金融是现代经济的血液，创新是现代化经济体系建设的核心驱

动力，通过科技创新引领装备制造业健康发展，是我国在新旧动能转换道路上的必然选择。我国 2010 年进入中等收入偏上阶段，在迈向现代化的过程中，如何打造现代化产业体系呢？答案是，加快推进实体经济、科技创新、现代金融、人力资源协同发展。从要素的角度分析产业体系值得我们深入分析。① 过去我国产业结构调整仅仅聚焦于产业本身，忽略了科技创新、现代金融、人力资源对产业发展的支撑，没有形成不断融合和自我强化的规律。协同发展的产业体系体现了经济内生增长的基本逻辑，通过现代金融、人力资源支撑科技创新，促进低阶段的生存创新转为高阶段的生态创新，继而通过科技创新振兴实体经济。这也正好与围绕产业链打造创新链，围绕创新链完善资金链和人才链。

沈阳作为装备制造业基地，科技金融协同发展对于企业发展、产业升级的意义尤为重要。企业在科技创新过程中会遇到资金筹集、资源整合、技术定价、项目遴选、信息甄别等诸多方面的难题。金融系统由于具有筹资融资、资源配置、价格发现、择优筛选、信息处理等诸多方面的优势，可以较好地应对上述难题。良好的金融环境和完善的资本市场，是大幅度提高科技创新能力的基础和保障。从这个角度来说，如何加强对装备制造业企业科技创新的金融支持，是当前沈阳发展过程中面临的一个重要课题。

---

① 付保宗、周劲：《协同发展的产业体系内涵与特征》，《经济纵横》2019 年第 4 期。

（一）面临的主要问题

1. 金融支持投入过于集中

数据表明，金融支持沈阳市装备制造业企业科技创新主要体现在信贷支持，而且大部分投入大型装备制造业企业。可是大型企业在科技创新方面虽然投入较大，且取得了相当数量的研究成果，但由于多数为基础性和前沿性研究，在成果转化、为企业创造利润方面收效甚微，导致一旦整体市场环境不佳，企业由于利润率下降，在科技创新投入方面受到了较为明显的抑制。同时，中小型企业在科技创新对企业利润提升明显的前提下，由于无法得到充足的信贷支持，导致只能以企业自筹和其他渠道融资的方式进行科技创新投入。在整体经济出现下滑时，科技创新资金投入也出现了明显的下降，即经济下行压力导致大小企业科技创新投入"双降"。

2. 贷款结构不合理，利率缺乏弹性

装备制造业企业科技含量高、产业链长，企业科技创新需要资金长期支持。但是，目前已有的科技贷款多为短期贷款，而且银行愿意贷款给具有一定规模的企业，对企业急需资金的科技创新初创期支持不足。同时，由于缺乏相应的政策和财政支持，各金融机构基本都按一般商业贷款利率投放。在经济下行通道，本来就利润率较低的装备制造业企业难以承担利率成本，导致科技创新研发资金投入不足。

3. 缺乏直接融资渠道，资本市场支持不足

沈阳在A股上市企业中装备制造业企业占了很大部分，上市公

司多为大型企业，且集中于主板市场。这些企业通过间接融资就基本可以解决自身的科技创新投入所需资金。企业缺乏科技创新投入的主要原因并不是缺乏资金，而是科研成果转化效率低，导致企业利润增长不明显。科技创新投入效果明显的中小型装备制造业企业在中小板上市的寥寥无几，难以获得资本市场直接融资支持。

4. 缺乏专业的风险投资机构

风险投资的理想资金来源是机构投资者，但目前沈阳风险投资资金来源较单一，基本是政府或者国企出资，风险投资资金来源少。这样的现状使风险投资缺乏资本补充机制，风险承受能力低。同时，由于制度的缺乏和相应担保、保险机构的缺失，也使风险投资运营存在困难。同时，从发达国家的经验来看，风险资金主要投资应是急需资金的初创期，而目前从沈阳的情况来看，却是大部分投资于具有一定规模并已有丰厚利润的企业，产业生态孵化容易断档。

5. 政策性金融缺失

大型企业的科技创新成果对于提升企业利润效果并不明显。一方面，由于企业技术创新主体地位没有真正确立，科技与经济结合问题没有从根本上解决。一些科技资源配置过度行政化，分散、重复、封闭、低效等问题突出，科技项目及经费管理不尽合理，研发和成果转移转化效率不高。另一方面，由于装备制造业企业科技含量高、产业链长，许多科技创新涉及国家安全、国计民生，一些基础性、前沿性研究和科技创新承担了很大的社会责任，投入量大，持续时间长，无法在短期取得效益，甚至无法用效益来衡量。正是在这方面缺乏相应的政策性金融支持，导致企业科技创新动力不足。

（二）金融科技协同发展建议

优化装备制造业科技创新金融支持体系应以动员分配资源机制、风险分散和管理机制、信息揭示机制、约束激励机制和流动性供给机制五个功能为基础，提升政府、银行中介、风险投资和资本市场四个不同金融供给主体的支持作用，逐步完善多层次立体化金融支持体系的整体能力，帮助装备制造业企业在科技研发、创业发展、规模扩张和企业增值四个关键点上实现突破，全过程支持装备制造业企业科技创新活动。其具体表现为：

1. 创新政策性金融的投入方式

一是扩大政策性贷款和专项基金范围。信贷担保和贴息是各国政府普遍采用的支持企业科技创新融资的措施，对大型装备制造业企业涉及国家安全、国计民生的重点科技创新项目进行直接财政支持，有助于解决大型装备制造业企业由于科技创新成果对于提升企业效益不明显所导致的科技创新动力不足这一困境。

二是发展政府创业引导基金和产业投资基金。通过政府建立引导基金，引导社会资金对中小型装备制造业企业进行股权投资，带动和引导社会资金向新兴产业聚集，解决中小型装备制造业企业科技创新融资难题。同时，应选择优秀的专业化机构按照国际标准管理经营产业基金，采用市场化的约束与激励机制，使政府财政资金投资的质量和效益更有保障。

2. 建立强有力的金融中介支持体系

（1）商业银行。银行类机构加强对装备制造业企业科技创新的金融支持，应重点加强证券化服务和开展知识产权质押贷款。

在开展证券化服务方面，招商银行的经验非常值得借鉴和推广。招商银行推出"千鹰展翼"计划，使银行与创投、保荐机构建立合作，每年发掘1000家具有成长空间、市场前景广阔、技术含量高的中小企业，为其提供综合化、专业化金融服务。其创新之处在于：一是科技成果转化贷款，是根据《国家科技成果转化引导基金管理暂行办法》，结合自身业务优势，推出的服务于科技创新型中小企业的创新性融资产品；二是"投融通"产品，实现了企业私募股权投资资金的提前进入和无缝转换；三是"股权管家服务"，借助招行建立的私募股权合作平台，为优质的创新型成长企业引入私募股权融资的服务。招商银行的这一经验对于沈阳市加强对中小型装备制造业企业科技创新的金融支持具有很强的借鉴意义。

开展知识产权质押贷款业务的主要困难在于，银行与企业的信息不对称问题难以解决。首先，需要政府加强政策引导和严格监督，尽快建立有利于知识产权担保的外部环境；其次，商业银行要健全内部金融机制，较好地控制贷款风险；最后，需要培育专业的知识产权评估机构，对知识产权的价值做出较为真实的估量，从而化解知识产权质押融资中的信息不对称。

（2）民间金融。要促进民间金融对装备制造业企业科技创新的支持，使其能够成为科技创新金融支持体系的重要供给部门，需要从以下两个方面加以引导。

第一，拓宽民间金融的渠道。首先，政府要充分尊重民间资本的投资欲望和热情，及时制定相应政策，鼓励并引导建立非银行的民营中小金融机构、小额信贷机构。可通过搭建有效的投资载体来吸纳社会资本，然后投入装备制造业企业科技创新中去，如建立民间投资公司、民间信托公司、产权交易所、产业基金会以及民间租赁公司等。其次，引导民间资本进行商业化运作，以商业银行或成立专门的小额信贷组织向小额信贷机构提供资金和服务。最后，可以适当调整金融机构市场准入规则，把民间资金纳入正规金融或准正规金融渠道，或者适度调整银行股本金准入规则，鼓励民间资本在地方商业银行和农村信用合作社中参股。

第二，加强金融生态建设，优化民间金融的发展环境。构建面向民间金融供需双方的信息服务平台，建立全方位、多层次的服务体系，为民间金融发展提供必要的信息服务、担保服务和人力资源服务。同时还应该强化监管约束机制，将民间金融纳入公开、透明的监督体系中来，建立监测通报系统和长效监管机制。

（3）信用担保体系。针对装备制造业企业在沈阳的特殊性和重要性，应设立专门对科技创新类融资提供政策性担保的机构，以及建立专项风险补贴基金。同时，要大力支持民间担保机构的发展，鼓励民间担保机构开展对于科技创新类项目融资的担保，并给以切实的优惠扶持政策。

3. 建立风险投资支持体系

大力支持风险投资的发展将有利于完善科技创新金融支持体系的主要功能，实现金融资源的聚集。主要包括创新制度、优惠税收、健全法律以及畅通退出渠道等四个方面。

就创新制度而言，应对现有政策进行整理，补充政策漏洞，创新制度措施，建立与风险投资发展规律相适应的、分阶段有针对的具体政策，尤其应注重加强对装备制造业企业科技创新早期阶段的扶持。在税收方面，应该给予风险投资机构、个人投资者更大的税收减免。在法律方面，应该从鼓励吸引和行业监管两方面健全法制。前者的目的在于保障投资者的利益，吸引各类投资机构进入创新领域；后者的目的在于规范市场，形成风险资本运作的依据和指南。在退出渠道方面，应该尽快完善多层资本市场，弱化行政干预，强化信息披露，同时培育并购、股权转让、海外市场等渠道，实现风险投资退出方式的多元化。

4. 建立多层次资本市场支持体系

一是强化政府服务链，培养优质上市资源，以示范效应激励装备制造业企业上市热情，鼓励企业利用公开股票市场融资。可对拟上市企业建立前期扶持引导机制，做好上市前期的一系列相关服务，如推出企业改制上市培育系统、土地优惠、财政补贴、税收优惠或返还、提供中介桥梁、协调其他配套服务等。不断细化对上市企业的资助服务，明确政府相关部门的具体职责，以促进更多装备制造业企业成功上市。

二是加强大型装备制造业企业与中小型装备制造业企业的合作与交流，充分发挥各自优势，实现互惠互补。可以通过转化科技成果、高科技产品的开发、新技术新工艺的采用搭建桥梁，进而实现大型装备制造业企业与中小型装备制造业企业的并购重组。通过大型装备制造业牵引壮大一批中小型装备制造业企业，形成产业集群。同时，利用中小型装备制造业的科技创新与市场契合的优势，弥补大型装备制造业科技创新转化率低的劣势。

Coordinated Development of Technology and Finance Promotes High-Quality Economic Development

Sun Hongwei，Huang Wenlu，Zhang Wei

（Shenyang Municipal Party School，Shenyang Branch of the People's Bank of China）

Abstract: The most striking and prominent feature of China's current economic development is the shift from high-speed growth to high-quality development. This is determined by the law of economic growth. The New Normal Economy follows the mainline of growth and development, even more based on the development focus. In this sense, China has the ability, the conditions and the long-term development of high quality.

Through modern finance and human resources to support scientific and technological innovation, we can promote low-stage survival innovation to high-stage ecological innovation, and then revitalize the real economy through scientific and technological innovation. As a base of equipment manufacturing industry, Shenyang's coordinated development of science, technology and finance is particularly important for enterprise development and industrial upgrading.

"设立科创板并试点注册制"：回顾、成就与展望

解 钢

（上海行政学院）

摘要： 设立科创板并试点注册制，是落实创新驱动发展和科技强国战略，推动经济高质量发展的战略举措。党中央、国务院以远见引领，参与各方勇于担当、贯彻落实，仅仅 259 天，设立科创板并试点注册制工作顺利落地，市场运行总体平稳，各项机制初显成效。今后一段时间，需要充分发挥科创板的试验田作用，总结推广科创板行之有效的制度安排，形成一套可复制、可推广的成功经验和做法，完善市场基础制度。

在我国经济由高速增长阶段转向高质量发展阶段的重要时期，党中央高瞻远瞩，决定在上交所设立科创板并试点注册制。这是落实创新驱动发展和科技强国战略，推动经济结构转型升级，促进经济高质量发展的战略举措。

一、回　顾

（一）以远见引领制度变革

2018 年 11 月 5 日，习近平主席在首届中国国际进口博览会开幕式上宣布设立科创板并试点注册制；同年 12 月，中央经济工作会议指出，推动设立科创板试点注册制尽快落地；2019 年 1 月 23 日，中央全面深化改革委员会第六次会议审议通过科创板及注册制的实施方案及意见；同年 4 月 19 日，中共中央政治局会议指出，科创板要真正落实以信息披露为核心的证券发行注册制；7 月 30 日，中央政治局会议指出，科创板要坚守定位落实好以信息披露为核心的注册制，提高上市公司质量。党中央的决策部署，对这一资本市场的重大增量改革提出了明确的目标和指引。

（二）以担当全力贯彻落实

2018 年 11 月 14 日，时任上海市市长应勇指出，设立科创板并试点注册制的工作已全面启动，上海将积极配合、全面对接、全力推进。同年 11 月 20 日，上海市委书记李强指出，在上海证交所设立科创板并试点注册制，对于进一步深化改革开放、推动高质量发展具有重大意义。

2019 年 3 月 2 日，中国证监会、上交所正式发布并实施科创板"2 + 6"制度规则；3 月 18 日上交所正式受理科创板企业上市申请；3 月 22 日，科创板首批 9 家受理企业亮相；6 月 13 日，科创板正式开板；6 月 19 日，科创板第一股诞生；7 月 22 日，科创板首批 25 家企业上市交易。

二、成　就

（一）以创新完善制度设计

1. 坚持以信息披露为核心

紧紧围绕这一核心，证券监管部门坚守职责，督促发行人披露与价值判断和投资决策密切相关的信息；上交所采用公开化问询的方式，对拟上市公司展开"刨根问底"式问询，力求为市场问出一家真公司。同时严格监管，维护正常的市场秩序。发行人是信息披露的第一责任人，承担真实、准确、完整、合法披露信息的法定责任。中介机构为发行人的信息披露把关，同时承担信息披露的连带责任。保荐机构通过跟投的形式，认购其承销的股票，承担科创板上市公司新股定价的核心功能。投资者根据披露信息自行决策投资，买者自负。围绕信息披露为核心，市场主体归位尽责，健康的市场生态正在形成。

2. IPO 全程公开

科创板 IPO 实行全程电子化审核，及时公开相关公司上市文件、审核问询和回复的相关内容，公开透明，接受社会监督，体现注册制以信息披露为中心。同时优化审核机制、流程，向社会公布审核进度时间表。按照时间表，从申请受理到注册成功的最长时间是 6 个月，其中从上交所首轮审核问询到出具审核意见最长是为 3 个月，强化了审核过程的可预期性。2019 年上半年集中攻关阶段审结的 31 家企业中，从受理到报会注册，整体用时（含审核端用时、发行人端用时）平均 81 个自然日、最短 64 个自然日，其中审核端用时平均 40 个自然日、最短 27 个自然日，创造了"科创板速度"。

（二）以包容助力科创企业发展

科创板坚守定位，重点支持六大高新技术产业和战略性新兴产业。按照科创企业的特点，设置 5 套差异化的上市标准，其中 4 套标准没有明确的盈利要求，对于特殊股权结构和红筹企业分别设置 2 套差异化上市标准。得益于科创板上市标准的包容，特殊投票权结构的优刻得科技股份有限公司、红筹企业华润微电子有限公司、尚未盈利的苏州泽璟生物制药股份有限公司、曾经二次申请创业板上市被否的福建龙岩新能源股份公司等企业获得在科创板上市机会。相比境外股票市场，科创板多套差异化上市标准更具包容性、适应性和针对性。科创板受理申请企业的科创属性显著、成长性突出，体现了科创板支持科技创新的导向作用。

习近平宣布设立科创板并试点注册制一周年之际，上交所已发布科创板、注册制相关业务规则 34 项，针对发行上市审核、发行承销、交易组织、持续监管、退市机制等方面精准施策，搭建了业务全链条规则体系。上交所已受理 170 家企业科创板上市申请，中国证监会完成 60 家企业上市注册，有 46 家企业挂牌交易。

三、展　望

（一）优化交易机制维护多空平衡

1. 引入日内单次回转交易制度

在日内单次回转交易制度下，当日买入股票当日可卖出，但所得资金不得再次使用，有助于减少隔夜风险对持股的影响，也为今后采用日内回转交易做准备，发挥科创板资本市场制度创新"试验田"的作用。

2. 推出交易所证券借贷合约

目前，科创板存在融券券源不足、费率过高（年化高达 12%—18%）等问题。推出交易所挂牌的证券借贷合约产品，可增加券源供给，强化资本市场价值发现功能。

3. 完善股份减持制度

对二级市场的大宗减持交易，应严格限制减持数量与节奏；同时引入非公开转让安排，增加股份减持渠道，实现"投资—退出—再投资"的内部良性循环，形成私募股权市场和股票一、二级市场之间的良性互动，构建资本市场有效服务实体经济的良好生态。

（二）以设立科创板为契机发现，培育未来的"BAT"

1. 强化科创板上市企业培育计划

大力支持上海市科技创业中心与上海证券交易所合作，为科创板建立企业培育库，储备一批拥有核心硬科技的"小巨人"；创造条件鼓励入库企业加大研发投入，提升科技创新能力；加强入库企业情况的日常收集和定期沟通工作，解决企业发展中存在的难题；按照科创板上市标准对入库企业分类辅导培育，"一企一策"制定上市计划。当然也要强化入库企业动态调整机制，"优胜劣汰"。

2. 强化金融支持科创企业机制

科创板重点支持的六大硬科技，大多投入高、产出慢，风险大。要加强对科创企业的跟踪评估，提供获得发展资金的渠道。对有潜力的企业可以通过政府投资基金引导，吸引社会投资资金进入，推动企业快速成长。同时落实科创企业税收优惠，鼓励引导银行业加大贷款力度。对在科创板成功上市的企业加大财政补助。

同时着手建立"科创板上市后企业"服务机制，跟踪服务上市后处于迅速发展期的企业，解决企业发展中存在的难题，为企业跨越式发展创造条件。通过科创板发现并培育出一批扎根上海的科技巨头将大大推动上海科创中心建设，优质的上市公司是科创板发展的基石，必将推动上海科创中心和金融中心协同发展。

"设立科创板并试点注册制"的成功实施，搅动了中国资本市场的活水，市场对后续改革充满期待，更多的改革举措正在路上。可以预计，我国多层次资本市场体系将愈加完善，市场化的定价机制和退市机制一定能实现优胜劣汰、激发科技创新活力的作用，将积极引导社会资本流向拥有自主技术和核心竞争力的企业，实现科创板面向世界科技前沿、面向经济主战场、面向国家重大需求的发展宗旨，使资本市场真正发挥优化资源配置的功能，更好服务实体经济，促进新旧动能转换，促进经济高质量发展。

"Establishment of SSE STAR Market & Testing Registration System": Memorabilia, Achievements & Outlooks

Xie Gang

（Shanghai Administration Institute）

Abstract: The establishment of a science and technology innovation board and a pilot registration system are strategic measures to implement the strategy of innovation-driven development and the strengthening of the country through science and technology, and to promote high-quality economic development. The Party Central Committee and the

State Council led with vision, and all parties involved took the initiative to implement the implementation. In just 259 days, the establishment of the science and technology innovation board and the trial registration system successfully landed. For some time to come, we need to give full play to the role of the test field of the science and technology board and summarize the effective institutional arrangements for promoting the science and technology board. Form a set of replicable and popularizable successful experiences and practices, and improve the market basic system.

以科创板推进上海科创金融中心的建设

周海成

（中共上海市浦东新区区委党校）

摘要： 上海要打造"科创金融中心"，其关键节点就是科创板。当前上交所科创板建设已经取得瞩目成效，但在制度设计、配套基础设施、风险防范等方面仍然有待完善。要通过深化制度创新、完善金融生态体系、多方面研判和预防金融风险等举措，发挥科创板对上海科创金融中心建设的推进作用。

一、上海国际金融中心与科创中心
建设需要融合和联动

当前上海既要打造国际金融中心，又要建设具有国际影响力的科技创新中心。国际金融中心要求建立国际化程度较高、竞争力强、功能完善的多层次金融市场体系和金融机构体系；科创中心的要求则是世界创新人才、科技要素、高新科技企业和创新创造创意成果的高度集聚。理论研究和实践经验都表明，二者并非完全独立，而是相互促进、相辅相成的。因此，需要融合和联动发展，即建设上海"科创金融中心"。

（一）金融中心能够为科创中心建设提供更好的要素环境

金融是现代经济的核心，完善的金融环境意味着从供给方面迅速高效地启动生产资源，从需求方面培育和引导市场需求，从而可以让科技创新与市场的对接更为顺畅和高效，为创新资源的价值实现搭建了良好的平台。可以说，国际金融中心的建设有利于为科创中心的发育提供充足的水土和养分。

（二）科创中心的建设又能吸引金融资源的集聚

科创中心意味着创新人才、科技要素和高新技术企业的集聚，而高新技术企业是高附加值的，它的投入产出比是高于社会平均资本回报率的。同时，资本逐利的本性意味着它能够快速甄别、支持具有发展潜力的新兴产业，并将金融资源优先投入到这些新兴有前景的高新技术企业。这就使得科创中心的建设又吸引了金融资源，反哺国际金融中心的建设。

（三）科技创新本身能够影响和改变金融业态，丰富和更新国际金融中心建设的内涵

新常态下我国的传统金融面临一系列新问题和新挑战，亟须植

入创新的基因。科技因素正在金融业持续深入渗透,以科技手段为依托的信息获取方式和管理服务模式,正从根本上改变着全球金融业格局。比如大数据、区块链、人工智能等技术手段被广泛应用于风控体系中,日渐完备的大数据风控技术大大降低了信息不对称的风险。因此,传统金融要有变革之道,国际金融中心建设的内涵和任务同样也要适应日新月异的科技创新的需求,国际金融中心必然也是金融创新的中心。

（四）纽约、伦敦等传统国际金融中心都在积极转型升级为科创金融中心

以纽约为例,作为公认的全球顶级金融中心,纽约在 2008 年爆发的全球金融危机中受到较大冲击,因此它开始积极谋求转型。2010 年,时任纽约市市长布隆伯格提出打造"新一代的科技中心",建设美国"东部的硅谷"。其后,纽约一方面发挥其老牌金融中心的优势支持科技创新;另一方面,通过税收抵扣或优惠等一系列政策吸引高科技企业、风险投资入驻,以及设立"纽约种子基金"、市政府创业基金扶持初创期的高科技企业等,使得纽约成为名副其实的国际金融和科创双中心。2018 年 4 月,上海市信息中心编制的《2017 全球科技创新中心评估报告》显示,纽约位列全球科创中心第二名,仅次于旧金山—圣何塞城市群。排在其后的第三名科创中心则是另一顶级的全球金融中心:伦敦。

二、科创板为上海科创金融中心建设补"短板"

（一）科创板是金融中心和科创中心深度融合发展的关键节点

金融中心和科创中心深度融合，不是简单的"科技＋金融"，而是针对科技创新推出的一系列的金融工具、市场平台和制度安排。因为科技创新是包括基础研究、应用开发、中间试验、商品化、产业化等一系列阶段的一个过程，不同的阶段有不同的融资需求和融资工具，包括科技银行、风险投资、科创板市场、股权众筹和科技保险等。发达国家的经验已经表明，多层次的资本市场，尤其是股票市场的建设是支持科技创新的有效保证。究其原因，所有的科技创新都意味着不确定性，甚至意味着对现有模式的颠覆和革命。一开始往往很难得到大众的理解和接受，而且新兴科创产业发展本身存在着动态优化的过程，需要在实践中不断调整自身的发展方向。因此，科技创新的过程往往是艰巨和一波三折的，很多科创企业长期不能盈利、不能分红，甚至没有收入，却需要不断地融资、输血，加上科创企业往往具有轻资产、高风险的特征，不适合传统的银行信贷市场，这就迫切需要资本市场的支持。资本市场具有风险共担、收益共享的特点，更适合处理信息不对称、不确定因素大的融资需求，能够通过支持科技创新有效服务实体经济。因此，科技创新始于技术，成于资本，迫切需要完善的多层次资本市场的支持。

但是，长期以来我国资本市场特别是场内市场实行核准制，上市的都是有盈利要求的、相对成熟的传统行业和企业，对于科技创新的包容性和支持力度都不足，这是我国金融市场、资本市场的"短板"。根据木桶理论，一只水桶能装多少水取决于它最短的那块木板。科创板试点注册制，其"市场化、国际化、法制化"的改革方向和为科创型企业量身定制的上市标准，就是要补足我国资本市场的"短板"，完善资本市场功能，从而支持科创金融中心的建设。因此，当前科创板建设正是推进国际金融中心和科创中心融合发展的关键节点。

（二）以科创板建设支持科技创新已初见成效

科创板推出速度快，改革步伐大。从 2018 年 11 月 5 日宣布设立到 2019 年 6 月 13 日正式开板，仅用时 221 天。至 7 月 26 日，科创板首批 25 家企业上市首周的交易收官，总体运行平稳，全周成交 1428.98 亿元。当前，科创板支持科技创新的改革成效已经初步显现。

1. 发挥市场在资源配置中的决定性作用，服务和支持科技创新

市场机制的核心就是价格机制，企业价格在资本市场就体现为市值。科创板试点注册制，发行上市的环节和上市的五套标准，全部都以预计市值为基础。这个预计市值必然要求在市场化的发行询

价环节要能得以实现，即那些询价对象、配售对象给出的价格如果不能达到预计市值，那么即便通过了上交所的审核、中国证监会的注册，发行还是失败。所以市场机制、价格机制在科创板就发挥了决定性的约束作用，市场认可的优质科技创新企业就有可能脱颖而出——资本市场服务科技创新的功能从而得以发挥。

当前，科创板表面上存在的高溢价的现状，就是市场机制的作用：截至7月30日，科创板首批25家企业收盘价比发行价平均涨幅170.87%，静态市盈率平均133.85，远远高于其他板块。但是，正如时任证监会副主席方星海所说，科创板公司发行价格完全市场化，光看静态市盈率是不够的，要看增长率折算后的市盈率。截至7月30日，首批25家公司中有19家披露了2019年上半年业绩报告，其营业收入和归母净利润平均增速为51.91%和67.68%，因此其动态市盈率大约大幅下降到50—70倍之间。因此，科创板的高溢价正是折射了科技成果产业化预期，必然引导资金资源向科创企业集中，是金融以市场化手段支持科创的直接体现，也是国际金融中心和科创中心融合发展的集中体现。

2. 更好发挥政府作用，支持科技创新

一是转变政府职能，引导金融资源支持科技创新。科创板注册制是以信息披露为中心，通过要求证券发行人真实、准确、完整地披露公司信息，使投资者可以获得必要的信息对证券价值进行判断，并做出是否投资的决策，证券监管机构对证券的价值好坏、价格高低不做实质性判断。这意味着政府相关部门将最大限度减少对资源的直接配置、对交易活动的直接干预。另外，政府可以基于科创板定位，对发行申请人的行业类别、产业方向等提出要求，对发行人在发行条件和信息披露要求等重大方面是否符合规定、是否符合科创板定位做出审查，并据此做出是否给予注册的决定。

二是最大限度地平衡好支持科创企业融资与保护投资者之间的关系。通过精细的机制设计，既要发挥资本市场支持科技创新的功能，又最大限度地保护好投资者利益。比如科创板设计了五套标准来筛选拟上市的科创企业，以市值为核心，以盈利、营业收入、研发投入、现金流量作为辅助指标，组合出 5 套上市标准。其淡化了盈利要求，既使得资本市场能够包容和满足不同类型科技创新企业的需求，又体现了上市企业的科技创新和高成长的特性，有利于投资者保护。

三是通过信息披露和多轮次、全公开的动态问答，筛选和问询出"真实的企业"。目前已经有 5 家企业"被问退"而终止上市，还有更多的企业可能是"不问而退"，从而提高上市企业质量，帮助投资者认识和把控风险。

3. 完善投资者的投资理念，支持科技创新

一是在一级市场上缓解科创企业上市难、周期长、成本高等问题。科创板推出以前，上市门槛高问题突出。科创企业如果想在主板、中小板或创业板上市，最近一年的净利润高于 5000 万元基本是最低要求；而且上市周期长，申报材料之前需要三年的前期规范，申报材料之后需要 1—2 年的审核周期，审核期间要求股权、经营等

方面基本要保持稳定，这些对于处于高速成长期的科创企业都是很困难的。科创板的推出，弱化了对企业的盈利要求，注册制下的申报审核流程更加高效、规范、透明，有利于更好地服务科创企业。

二是在二级市场上完善投资理念，引导科创企业实现自我价值，进一步做大做强。近几年，我国的 A 股市场投资者的投资理念已经逐步得到改善和提高，由以前的炒小炒新、博弈垃圾股、问题股转向投资白马和龙头等价值股。但是出现了矫枉过正或者是简单机械的做法，对企业的成长性关注不足，导致资金集中追逐一些日常快速消费品，酒类、调味品成为机构标配。但是这就削弱了资本市场培育、推动新经济发展的功能。随着科创板的平稳推出和运行，不仅该板块的公司行情活跃，原先主板、中小板和创业板中涉足新经济、具有成长性的公司也被带动，获得了投资者的关注，交易趋于活跃。这就有利于发挥资本市场服务实体经济的转型升级、支持科技创新的功能。资本市场是国际金融中心建设的核心组成部分，科创板通过完善投资者的投资理念，加强资本市场培育新经济的功能，必然有力推动上海国际金融中心和科创中心的融合发展。

截至 2019 年 7 月 30 日，上海已经申报 21 家科创企业，完成科创板上市的企业有 5 家，正在发行中的 2 家，提交注册的 1 家。完成上市和即将上市的上海 7 家企业中，6 家位于上海张江国家自主创新示范区，这正是科创板推进上海国际金融中心和科创中心融合发展的生动展现。

三、充分认识当前科创板运行存在的不足和风险

（一）科创板注册制市场准入的设计对于科创企业的包容性和匹配度仍有不足

截至 2019 年 8 月 7 日，上交所共受理 151 家企业的科创板上市申请，其中约 9 成企业选择了第一套上市标准，即预计市值 10 亿元以上＋最近两年累计净利润 5000 万元以上（或最近一年营业收入 1 亿元以上且净利润为正）。选择第一套标准实际意味着这些企业符合创业板，甚至主板的上市要求。而科创板第二套至第五套标准，本意是为科创企业量身定制，却乏人问津。一定程度上反映科创板的其他四套标准的市值、营业收入等门槛仍然较高、包容性不足，不能适应相关的科创企业。这有可能导致资本市场服务科创企业的力度不足，金融中心与科创中心的融合发展就难以实现。

（二）科创板运行受到上海创业投资等科技金融发展滞后的制约

科创企业有其成长的规律和周期，一般要经历初创期、成长期、成熟期、衰退转型期几个阶段。相对应，科技金融也是一个完整的体系，涵盖的不仅是科创板或创业板，还包括科技银行、创业投资、

股权众筹、科技保险等，这样资本支持才能覆盖科创企业生命周期全过程。科创板作为科技金融的重要一环，同时也是一个场内市场，对上市企业的成长性、规范性、规模等必须有一定的要求，因此科创板服务的只能是一部分科创特性、成长特征比较明确、有一定规模的企业，而不适用于完全处于初创期的企业。如果把企业比作一棵树，到科创板来培育的应是初步已经成型的小树，将来要成长为参天大树。对于其他的"树种""树苗"，必须依靠天使投资、VC、PE等其他金融业态。从目前看，创业投资发展滞后仍然是上海金融与科技融合发展的痛点之一：在清科集团发布的2017年中国创业投资机构排名前十强中，上海仅一家总部位于浦东的启明创投勉强排在第十位，北京和深圳则分别有四家上榜。因此，如果上海的资本市场前端的三板、四板市场、创业投资等发育不良，就会导致合格的上市资源培育和储备不足，科创板缺少"预备队"，市场发展就缺乏活力和后劲。甚至不得不降低门槛、滥竽充数，导致市场走入企业质量不断下降的恶性循环。

（三）科创板运行可能衍生一定的金融风险

科创板合理区间内的价格和收益率变化是市场交易、形成均衡价格的正常过程。但如果发生大幅度大范围的市场波动会引发投资者的恐慌情绪，破坏市场的稳定性和功能，甚至导致金融危机，金融中心和科创中心的建设都会受到不利影响。德国效仿纳斯达克建立的"新市场"被迫关闭就是前车之鉴。

1. 发行主体的风险

科创板定位是服务于面向世界科技前沿、面向经济主战场、面向国家重大需求的科技创新企业，而科技创新本身就是有高风险的，因此科创板的发行主体可能存在技术风险、经营风险、道德风险等。如果暴露出技术风险、经营风险、道德风险的科创板企业较多，会导致科创板的股价指数持续萎靡，甚至有重蹈德国"新市场"覆辙而"崩盘"的风险。

2. 科创板新的交易制度的风险

一是 IPO 定价的风险。科创板采用市场化定价，如果相应的约束机制不完善，可能出现 IPO 价格过高或过低的情况。上市后短期炒作概念后让众多个人投资者接盘，导致价格波动过大，衍生金融风险。

二是投资者适当性制度可能引发市场流动性不足。相较于 A 股约 1.5 亿户的股民，科创板投资者群体是很小的，随着科创板企业的不断扩容，有可能导致市场流动性不足、股票有价无市，从而无法发挥融资和投资功能的风险。

三是退市制度不完善。科创板相关市场主体仍可能会采取各种手段规避退市，并且监管部门迫于各种压力也可能难以全面严格地执行退市规定。退市不畅就会出现"劣币驱逐良币"的困境，使市场被投资者抛弃。

四是表决权差异安排等制度风险。

3. 估值难度大等因素引发二级市场主体非理性炒作的风险

一是概念炒作的风险。有一些游资或机构就可能利用高科技企业的技术语言难以读懂的模糊地带，刻意炒作、扭曲有关概念。科创板初期规模较小、股票筹码供不应求，因此既"小"又"新"，迎合了游资的概念炒作需求，可能吹大泡沫，最终产生金融风险。

二是投资者非理性的情绪风险。科创板关注面广、影响深远，可能导致二级市场投资者产生对上市企业价值的不切实际的过高预期，期望能够投资到中国的苹果、亚马逊，导致短期股价飙升。但如果抱着赌一把的非理性预期，可能导致股价的大起大落，对资本市场的稳定运行产生不利影响。

三是科创板过度炒作，可能影响公司大股东、创始人的心态，使经营行为产生异化，不利于其踏踏实实做好实业，甚至扼杀了部分有潜力的公司的成长。

4. 证券法治环境不健全等导致市场失灵的风险

一是法治环境需要进一步健全。当前证券法律责任制度对欺诈发行、虚假称述等处罚过轻、威慑不足，导致欺诈上市现象屡禁不止。科创板试点注册制，如果出现部分发行人欺诈上市，更可能导致投资者对科创板信心不足、离开这个市场。

二是会计师事务所等中介机构尚难以有效地担当保证市场规范透明的"守门人"职责。被审计单位是审计业务的客户和付费方，其管理层又是被审计对象的责任方，因此会计师事务所保持独立性的难度很高，出具否定意见、无法表示意见等非标意见会慎之又慎。比如2019年5月爆出了A股上市公司康得新竟然122亿元巨款不翼而飞的事件，其实该公司财务造假早有端倪，以前年度就有高现金高借款、巨额应收款等异常现象，但会计师事务所历年审计均未进行充分的揭露。会计师、律师、保荐代表人是保证企业合规上市的"守门人"，合格"守门人"的缺失，可能导致科创板踩雷现象频发，给投资者带来巨大风险。

5. 科创板与其他金融市场，甚至国际市场相互传导和共振的风险

一是从国内看，科创板是我国多层次资本市场的一个组成部分，其参与者、投资者都和其他板块密不可分。一方面，科创板企业与主板、中小板、创业板的很多公司有较强的可比性，其价格走势也会对其他板块产生影响。如果科创板企业遭到爆炒，必然导致其他板块的相关上市公司股票被争抢，当价格最终回归价值的时候大量投资者可能深陷其中。另一方面，科创板如果行情过于火爆，估值过高就可能会分流其他板块的资金，不利于整个资本市场的全面健康发展。

二是从国际看，科创板的设立对于提升整个国家的科技和金融实力具有关键意义，而当今的国际竞争越来越关注科技和金融主导权的竞争，因此科创板的运行还会受到国家之间在政治、经济上竞争、博弈行为的影响。当前美国为了遏制中国，不但采取了贸易摩擦的经济手段，还使用国家力量强行打压华为、中兴等科技型企业。因此，科创板企业可能面临核心关键技术依赖他国却被"卡脖子"的风险，可能会导致科技产业链上相关上市企业经营陷入困境，甚至一蹶不振，最后衍生出上市企业、投资者和科创板市场"三输"的金融风险。

四、进一步推进和完善科创板建设的思考

2019 年 7 月 30 日召开的中共中央政治局会议要求,科创板要坚守定位,落实好以信息披露为核心的注册制,提高上市公司质量。这为进一步推进和完善科创板建设指明了方向,也是科创板成为上海国际金融中心和科创中心融合发展的推进器的必然要求。

(一)以科创板建设带动资本市场的全面深化改革

科创板改革力度大,在市场准入注册制、IPO 定价机制、信息披露、交易机制、投资者适当性、退市等环节都做了全新的、有益的探索。因此,科创板不是简单增加一个"板",其核心在于制度创新和改革。上市两周以来总体运行平稳,改革取得初步成效。要全面、认真地评估推出科创板以来改革创新的效果,特别是科创板五套准入标准对于科创企业的针对性、包容性进行及时全面的评估,不断深化改革。同时坚持以增量改革带动存量改革,充分发挥科创板的改革"试验田"作用,形成可复制、可推广的经验,并统筹推进主板、中小板、创业板和新三板的改革,由点及面,以科创板带动资本市场全面深化改革,更好地为经济高质量发展提供服务,实现金融与科创的协调发展。

（二）完善支持创新创业的金融体系和生态体系

培育众多有活力的科创企业和科技人才是发展科创板的前提和基础。因此，要建立完善的创新创业生态体系，全面推进包括实现融资便捷、人才齐聚、营商环境优化、基础设施完善、创业文化浓厚等目标的系统工程。一方面，要通过便利创业投资市场准入、搭建陆家嘴金融城和张江科技城的信息对接平台、发展政府引导基金、财税支持等方面加快扶持上海创投业的发展壮大，尤其是加大对天使投资等前期投资人的扶持力度，鼓励创业投资机构早期识别并参与投资，孵化更多科创企业上市。另一方面，上海要发挥科创板的主场优势，借力区域经济一体化促进创新发展。如利用长三角资本市场服务基地等平台，支持长三角区域的优质科技创新企业登录科创板，助推长三角一体化发展。

（三）完善科创板基础制度建设

一是要让信息披露充分"发声"。在发行审核环节，要形成更有效的信披规则，杜绝"病从口入"。在接受社会监督的同时，要让信息披露告诉投资者该企业的"科技含量"和价值。在发行上市后，要构建分行业、差异化的信息披露制度：既要求企业披露高新技术行业在知识产权、资质、核心技术等方面的信息，又要根据不同行业特性实行差别化披露，可以指引的方式列出信息披露模板。

二是完善并严格执行退市制度。应当明确规定退市的数量标准和非数量标准，并简化退市程序；对于其中一些非数量的定性退市指标，应赋予上交所一定自由裁量权。

三是搭建科技监管系统。要利用大数据、人工智能、云计算、区块链等新技术，对海量的企业报表数据和信息进行快速提炼、比对、深挖、探索，智能识别财务舞弊风险，自动排查异常和违规。

四是推出科创板相关的期货期权等金融衍生产品。正如诺贝尔经济学奖得主莫顿·米勒（Merton Miller）所说，金融期货期权市场的运转就像一个巨大的保险公司，高效的风险分担机制是金融衍生品革命性的集中体现。金融衍生品使得各类参与者能够以低成本进行风险管理，从而保证市场稳定运行。

（四）加强投资者教育

市场参与者的交易理念和行为是影响市场运行的重要因素。要引入科学的技术价值分析框架，引导投资者恪守价值投资、长期投资理念，摒弃炒小炒新炒差的恶习。要利用大数据、互联网技术加强对大众投资行为的监测研判，实时掌握投资者总体的投资和负债状况，及时应对，防止风险的不断累积。要根据实际调整优化投资者适当性制度，并可将科创板股票纳入"沪港通"交易的标的范围，对国际投资者投资科创板股票提供便利，既实现投资者能力和风险的匹配，又引入资金活水保证市场的流动性，并通过科创板市场的对外开放、互联互通优化投资者结构，引进先进投资理念，提高科创板的国际影响力，支持上海科创中心和国际金融中心的建设。

（五）优化投资者友好型法治环境

要深度整合立法、执法、司法、行业自律及社会监督。

一是要加快《证券法》修改步伐，完善投资者的民事赔偿制度。比如对发行上市存在欺诈行为的，可以借鉴美国的《证券法》规定，授权证券投资者有权要求发行人按照发行价并加上银行同期利息返还价款，并加重相应的刑事责任条款，提高刑期和罚金额度，威慑和阻吓违法违规者。

二是在投资者权益救济方面，应引入证券公益诉讼和示范判决机制，提高投资者保护力度并大大提高违法成本，有效震慑欺诈行为。

三是对证券违法违规行为举报人的奖励和保护力度需要加大。美国证监会对举报人的奖励可以高达案件罚没款的30%，其2012年以来共向59名举报人发放3.26亿美元奖金，每人获奖平均为553万美元。相比之下，我国证监会按罚没款金额的1%发放奖励，且封顶仅为30万元人民币。因此，需要提高举报奖励力度，这在当前证券市场违法违规行为越来越隐秘的背景下，能引导知情人、内部人积极举报，更精准地打击证券市场的违法犯罪，维护市场的公平正义。

（六）夯实中介机构责任

一是要确保各中介机构"各司其职、归位尽职"：会计师事务所、律师事务所等应当对各自提供的审计报告、法律意见书的真实性、准确性、完整性各自承担相应法律责任。保荐机构除了对上述资料的真实性、完整性进行形式上的审查之外，应就发行人是否符合相关行业范围、拥有并依靠核心技术开展生产经营、具有较强成长性进行核查论证、专业判断，并出具专项书面意见。监管机构要强化对事务所执业质量的监管，以定期抽查等形式做好对中介机构的外部事后监督，加大惩戒力度。

二是要建立完善中介机构对投资者侵权责任先行补偿机制。如2013 年平安证券作为万福生科首次公开发行并上市的保荐机构及主承销商，出资 3 亿元人民币设立"万福生科虚假陈述事件投资者利益补偿专项基金"，先以基金财产偿付符合条件的投资者，然后通过法律途径向相关责任方追偿。建议将这一个案例应用上升为一般规则或制度，警示各中介机构要敬畏法治、敬畏专业。

（七）做好新三板、四板建设，培育后备上市资源

要大力支持新三板、四板市场的发展，强化新三板、四板的企业培育功能。对于新三板而言，要切实缓解市场上挂牌企业融资成本高、市场流动性差的问题，如可对新三板中的创新层企业参考高新技术企业的待遇，给予税收优惠和补贴政策；打通新三板创新层向场内市场的转板通道等。对于上海股权托管交易中心（简称"上股交"）这样的四板市场，应鼓励上海区域内的企业到此挂牌，对挂牌的成本给予一定的补贴；还可以考虑将上海市的政府引导基金对

企业的投资额度与其在上股交挂牌相挂钩，增强上股交的市场竞争力，吸引更多的挂牌资源。

Promoting the Construction of Shanghai Science and Technology Innovation Financial Center with Sci-Tech Innovation Board

Zhou Haicheng

（Shanghai Pudong New District Party School of CPC）

Abstract: To build Shanghai as not only a Science，Technology and Innovation Hub but also a Financial Center，SSE STAR Market is a key point. Today significant progress has been made in SSE STAR Market，but there is still room for improvement in system design，supporting infrastructure，and risk prevention. It is necessary to give full play to the role of STAR Market in promoting the construction of Shanghai Science and Technology Financial Center by deepening institutional innovation，improving the financial ecosystem，judging in various aspects and preventing the financial risks.

上海自贸试验区：金融创新的新高地

叶敏华

（上海行政学院）

摘要： 中国自由贸易试验区是我国改革开放的新"试验田"，作为我国的第一个自贸试验区，上海自由贸易试验区自2013年设立以来，在投资、贸易、金融等领域先行先试、大胆创新，取得了一系列成果，有200多项制度已经在全国复制推广。本文从上海自贸试验区的目标定位，自贸试验区金融创新的具体举措入手，论述上海自贸试验区已经成为金融开放创新的新高地，以服务上海的经济社会发展。上海自贸试验区成立6年多时间，共发布9批，110个金融创新案例，上海已经成为中国金融发展环境最为完善的地区之一。在英国独立智库最新发布的全球金融中心指数GFCI排名中，上海连续两年保持全球第五名。

自由贸易试验区是我国改革开放的新"试验田"，作为我国第一个自贸试验区，上海自由贸易试验区自 2013 年设立以来，在投资、贸易、金融等领域先行先试、大胆创新，取得了一系列成果，有 120 多项制度已经在全国复制推广。2019 年 8 月，上海自贸试验区临港新片区总体方案推出，金融开放创新力度进一步提升，推动了自贸试验区在改革开放的"深水区"的积极探索创新。临港新片区更是推动上海自贸试验区扩围提质，成为实现更深层次、更宽领域、更高水平对外开放的抓手。

一、自贸试验区的目标定位

上海自贸试验区自 2013 年 9 月设立以来，总共发布了 4 个版本的方案，分别是《中国（上海）自由贸易试验区总体方案》《进一步深化中国（上海）自由贸易试验区改革开放方案》《全面深化中国（上海）自由贸易试验区改革开放方案》，以及《中国（上海）自由贸易试验区临港新片区总体方案》。4 个版本的方案都有不同的目标定位，是一个渐进发展的改革过程。

（一）上海自贸试验区 1.0 版：开放破冰 筑基起步

根据 2013 年 9 月发布的《中国（上海）自由贸易试验区总体方案》（以下简称《总体方案》）要求，上海自贸试验区的目标之一就是"积极推进服务业扩大开放"，主要聚焦金融服务、航运服务、商贸服务、专业服务、文化服务以及社会服务等六大领域，实施 23 项开放措施，暂停或取消相关准入限制。2014 年颁布第二批扩大开放措施 31 项，探索育幼养老、建筑设计、会计审计、商贸物流、电子商务、检测检验认证、影视出版等服务业领域的扩大开放举措，实施范围 28.78 平方公里。①

（二）上海自贸试验区 2.0 版：扩区深化 改革掘进

2015 年 4 月，《进一步深化中国（上海）自由贸易区改革开放方案》（以下简称《深化方案》）发布。上海自贸试验区扩区，实施范围从 28.78 平方公里扩大到 120.72 平方公里。《深化方案》特别强调一个非常重要的定位，就是要力争建设成为开放度最高的投资贸易便利、货币兑换自由、监管高效便捷、法制环境规范的自由贸易园区。② 这也是对三年以后的上海自贸试验区的目标定位。

（三）上海自贸试验区 3.0 版：全面深化 系统集成

2017 年 4 月，《全面深化中国（上海）自由贸易试验区改革开放方案》（以下简称《全面深化方案》）发布，提出要进一步对照国际最高标准，查找短板弱项，大胆试、大胆闯、自主改，坚持全方位对外开放，推动贸易和投资自由化便利化，加大压力测试，切实有效防控风险，以开放促改革、促发展、促创新，进一步彰显全面

---

① 《中国（上海）自由贸易贸试验区总体方案》2013 年 9 月。
② 《进一步深化中国（上海）自由贸易贸试验区改革开放方案》2015 年 4 月。

深化改革和扩大开放试验田作用。

（四）上海自贸试验区 4.0 版：新增片区　综合发力

2019 年 8 月，《中国（上海）自由贸易试验区临港新片区总体方案》发布（以下简称《新片区方案》），新片区先行启动面积 119.5 平方公里，它将对标国际上公认的竞争力最强的自由贸易园区，实施具有较强国际市场竞争力的开放政策和制度，加大开放型经济的风险压力测试，实现新片区与境外之间投资经营便利、货物自由进出、资金流动便利、运输高度开放、人员自由执业、信息快捷联通，打造更具国际市场影响力和竞争力的特殊经济功能区。其目标是，到 2025 年，建立比较成熟的投资贸易自由化、便利化制度体系，打造一批更高开放度的功能型平台，集聚一批世界一流企业，区域创造力和竞争力显著增强，经济实力和经济总量大幅跃升。到 2035 年，建成具有较强国际市场影响力和竞争力的特殊经济功能区，形成更加成熟定型的制度成果，打造全球高端资源要素配置的核心功能，成为我国深度融入经济全球化的重要载体。[①]

建设国际的最高标准、最好水平的自由贸易园区，是上海自贸试验区建设的初衷，也是为之努力的方向。金融领域的开放创新是上海自贸试验区建设的重要组成部分。上海自贸试验区在坚持风险可控的前提下，以金融开放创新为核心，以服务实体经济为目标，金融创新取得了明显成效。

---

① 《中国（上海）自由贸易试验区临港新片区总体方案》2019 年 8 月。

二、金融领域的开放措施

在 4 个版本的方案中，金融领域的措施是渐进开放的，具体如下：

（一）在《总体方案》中的主要内容

1. 银行服务

第一，允许符合条件的外资金融机构设立外资银行，符合条件的民营资本与外资金融机构共同设立中外合资银行。在条件具备时，适时在自贸试验区内试点设立有限牌照银行。此项措施的关键是，在试验区内外汇管制基本放开的背景下，区内银行不仅可以经营人民币业务，同时也可以直接开展外币有关业务，将对我国银行国际化经营带来促进作用；首次提出允许民营资本与外资金融机构成立合资银行，将对民营资本进入金融业起到有力的推动作用；允许在试验区内设立有限牌照银行，一方面为我国探索推进银行业分类监管提供重要经验，另一方面有助于吸引大量非吸储类外资金融机构落户试验区，繁荣试验区内金融业生态。

第二，在完善相关管理办法，加强有效监管的前提下，允许试验区内符合条件的中资银行开办离岸业务。此举将极大满足试验区内大量企业的离岸业务，吸引更多跨国公司资金中心、财务中心、结算中心落户试验区。

2. 专业健康医疗保险

试点设立外资专业健康医疗保险机构。随着国家富裕和人口老龄化的到来，专业医疗保险市场的需求不断升温。此举将更好地发挥外资保险机构的品牌、运作、产品设计等优势。同时，由于是在自贸试验区内试验，将避免对内资保险业形成过大冲击。

3. 融资租赁

第一，融资租赁公司在试验区内设立的单机、单船子公司不设最低注册资本限制。我国是全球飞机船舶的消费大国，即全球每年新生产的飞机约 10% 销往中国，新造船合同金额的 30% 在中国。但由于国内租赁生产不发达，我国航空租赁生产的 90% 被外资所占领，航空市场几乎被外资公司垄断。此举有助于推动国内单机单船项目公司的成立，打破外资的垄断地位，促进我国融资租赁市场的发展。

第二，允许融资租赁公司兼营与主营业务有关的商业保理业务。这项业务顺应了融资租赁公司本身所从事的商业保理业务的客观需求，有助于融资租赁公司的多元化发展。

（二）在《深化方案》中的主要内容

1. 扩大金融服务业对内对外开放

对标国际高标准的经贸规则，探索金融服务业对外资实行准入前国民待遇加负面清单管理模式；推动金融服务业对符合条件的民营资本和外资机构扩大开放。

2. 加大金融创新开放力度

"加大金融创新开放力度，加强与上海国际金融中心建设的联动。具体方案由中国人民银行会同有关部门和上海市人民政府另行报批。"这一表述含金量最高，意味着上海自贸试验区金融创新将和上海国际金融中心建设全面联动，这也是上海自贸试验区区别于其他自贸试验区最重要的一个差异，是上海自贸试验区的最大特点。

（三）在《全面深化方案》中的主要内容

（1）推动上海国际金融中心与"一带一路"沿线国家和地区金融市场的深度合作、互联互通。

（2）加强与境外人民币离岸市场战略合作，稳妥推进境外机构和企业发行人民币债券和资产证券化产品，支持优质境外企业利用上海资本市场发展壮大，吸引沿线国家央行、主权财富基金和投资者投资境内人民币资产，为"一带一路"重大项目提供融资服务。

（3）大力发展海外投资保险、出口信用保险、货物运输保险、工程建设保险等业务，为企业海外投资、产品技术输出、承接"一带一路"重大工程提供综合保险服务。

（4）支持金砖国家新开发银行的发展。

（四）在《新片区方案》中的主要内容

在金融开放领域，临港新片区也将迈出新步伐。在风险可控的前提下，按照法律法规规定，借鉴国际通行的金融监管规则，进一步简化优质企业跨境人民币业务办理流程，推动跨境金融服务便利化。研究开展自由贸易账户本外币一体化功能试点，探索新片区内资本自由流入流出和自由兑换。

作为上海自贸试验区金融改革的核心，自由贸易账户体系（FT账户）是上海自贸试验区探索投融资汇兑便利、扩大金融市场开放，以及防范金融风险的一项基础工程。对境内企业来说，拥有自由贸易账户，基本就是拥有了一个可以和境外资金自由汇兑的账户。而对境外企业来说，开设自由贸易账户，意味着它们可以按准入前国民待遇原则，获得相关金融服务。

临港新片区在金融政策开放方面，主要包括三方面政策：

（1）进一步提升贸易投资的自由化便利化水平；

（2）有序推进各项金融开放创新措施，有效激发市场活力；

（3）进一步健全金融法治环境，优化营商环境。

此外，国务院金融委发布了11项开放措施，也将优先在上海自贸试验区临港新片区落地。未来在临港新片区将试行更开放、更便利、更自由的金融政策，通过有序推进各项金融开放创新措施，进一步健全金融法治环境等，打造金融开放创新的新高地。

上海自贸试验区建设6年多来，在金融领域的开放和创新取得了重大进展，为全面深化改革、推动高水平对外开放积累了宝贵经验。临港新片区将积极探索通过自由贸易账户开展投融资以及金融业务的税收政策，试行更加开放、更加便利、更加自由的金融政策，打造金融开放创新的新高地。

三、金融创新的新高地

上海自贸试验区自成立以来，金融领域的开放创新日新月异，成为金融创新的新高地。上海自贸试验区金融开放创新主要经历了以下几个阶段：

（一）金改 1.0 版：总体政策框架落地

1. 金改 51 条

2013 年 9 月，上海自贸试验区金改推出 1.0 版，"一行三会"出台了支持自贸试验区建设的 51 条意见，标志着自贸试验区建设总体政策框架的基本建立，推动了金融改革的顺利起步。在 51 条意见中，中国人民银行的 30 条意见涉及自由贸易账户体系、资本项目可兑换、利率市场化、人民币跨境使用、外汇管理体制改革、风险管理六方面内容。中国银监会的 8 条措施主要是支持中外资银行入区经营发展，支持民间资本进入区内银行业；中国证监会的 5 条措施旨在深化资本市场改革，提升我国资本市场对外开放度；中国保监会的 8 项措施侧重于完善保险市场体系，促进功能型保险机构的聚集。

2. 10 项细则

中国人民银行上海总部与上海银监局、证监局和保监局先后出台了支付机构跨境人民币支付业务、扩大人民币跨境使用、放开小额外币存款利率上限、外汇管理等十余项实施细则。

这些意见和实施细则共同构成了上海自贸试验区两个阶段金融改革的总体政策框架。

（二）金改 2.0 版：建立 FT 账户系统

1. FT 账户体系建设

2014 年 5 月，围绕贸易和投资便利化金融改革政策全面投入实施、以自由贸易账户（FT 账户）为核心的强大的风险管理系统正式投入运行。从此，自贸试验区金改进入了 2.0 版的时代。FT 账户的推出，将企业与银行、证券、保险等金融机构有效连接，实现了境内外金融市场的融通，不仅节约了财务成本，同时提高了企业资金汇划的效率。在这个阶段，自贸试验区金融创新业务得到全面发展。

在上海自贸试验区成立以前，对于有跨国业务的公司来说，有境内账户和境外账户，但两者处于相隔离状态，不能自由划转，需要层层申请。FT 账户开通后，公司可以借这一中间载体打通区内、区外、境外三个市场，通过 FT 账户就可以与境外的资金自由划转。

2. FT 账户体系完善

FT 账户体系的不断建设与完善，也为后续金融改革奠定基础。据《中国证券网》消息，截至 2019 年 3 月，上海自贸试验区自由贸易账户继续拓围，新增跨境再保险结算功能，上海全市已有 56 家金融机构通过分账核算系统验收，累计开立 13.6 万个；覆盖上海全市符合条件的四类企业，已有 4000 多家企业开立 ①，基本满足了区内实体经济开展涉外经济投资活动的需要，服务实体经济和金融改革开放的效应充分显现。

（三）金改 3.0 版：全面放开本、外币境外融资

1. 取消前置审批

2015 年 2 月 12 日，中国人民银行上海总部发布《中国（上海）自由贸易试验区分账核算业务境外融资与跨境资金流动宏观审慎管理实施细则》，被称为自贸试验区金改 3.0 版。金改 3.0 版的推出，意味着上海自贸试验区全面放开本、外币境外融资，与全球低成本资金对接，同时取消境外融资的前置审批，取而代之的是运用风险转换因子等新的管理方式，依托 FT 账户管理系统进行事中、事后监管。并且，这一系列新政也将适用于扩区后的上海自贸试验区全域。

2. 资本项目可兑换有序实施

金改 3.0 版的核心是，要围绕上海国际金融中心建设的各个要素，使资本项目可兑换得到全面有序实施，自贸试验区企业和金融机构境外融资全面放开，上海个人境外投资落地实施，利率市场化全面推进，上海金融市场实现与国际市场双向开放，金融业准入扩大对内对外开放，金融监管的负面清单管理全面实施，以 FT 账户

---

① 《上海自贸试验区累计开立 FT 账户 13.6 万个》，《证券时报网》2019 年 3 月 4 日。

系统为标志的各类强大的事中、事后风险管理和金融安全系统全面到位，安全、快速、同步地推进自贸试验区建设与上海国际金融中心建设。

（四）"金改40条"

1. 与金融中心联动发展

2015年10月30日，中国人民银行、商务部、中国银监会、中国证监会、中国保监会、国家外汇局、上海市人民政府出台《进一步推进中国（上海）自由贸易试验区金融开放创新试点加快上海国际金融中心建设方案》（简称上海自贸试验区"金改40条"）。两个月后，《进一步推进中国（上海）自由贸易试验区外汇管理改革试点实施细则》（以下简称"《实施细则》"）正式出台，成为落实"金改40条"后的首项实施细则，对于进一步推进上海自贸试验区金融开放创新试点，加快上海国际金融中心建设具有重要意义。

2. 服务实体经济

根据"金改40条"要求，《实施细则》坚持以服务实体经济、促进贸易投资便利化为出发点，包括5章、18条内容。重点实施以下创新举措：一是允许区内企业（不含金融机构）外债资金实行意愿结汇，赋予企业外债资金结汇的自主权和选择权；二是进一步简化经常项目外汇收支手续，允许区内货物贸易外汇管理分类等级为A类的企业外汇收入无需开立待核查账户；三是支持发展总部经济和结算中心，放宽跨国公司外汇资金集中运营管理准入条件，进一步简化资金池管理；四是支持银行发展人民币与外汇衍生产品服务，允许区内银行为境外机构办理人民币与外汇衍生产品交易。

（五）金融开放25条

我国金融业对外开放的步伐不断提速，表现如下：

1. 服务科创中心建设

在2018年博鳌亚洲论坛上，中国人民银行行长易纲宣布了11项金融开放措施后，2018年6月21日，上海自贸试验区管委会召开了扩大金融服务业对外开放工作推进会，推出了《中国（上海）自由贸易试验区关于扩大金融服务业对外开放 进一步形成开发开放新优势的意见》（以下简称《意见》）。《意见》分为6个部分、25条举措，涵盖吸引外资金融机构集聚、便利外资金融机构落户、全面深化金融改革创新、金融服务科创中心建设、集聚发展高层次金融人才、构建与国际规则接轨的金融法治环境六个方面，体现了上海自贸试验区在扩大金融开放中的"试验田"作用。

2. 保障重大项目落地

在《意见》的保障下，一批上海自贸试验区主动承接的国家金融服务业开放的重大项目落地。从储备的项目分析，一是品类非常齐全，涵盖银行、证券、保险、基金、支付、评级等，涉及金融业的所有领域；二是这些项目有的是新设的，有的是变更经营范围，有的是扩大股权比例等；三是开放的国别广泛，项目的能级非常高，股东背景非常雄厚，均是国际知名的国际金融集团。

（六）《新片区方案》金融开放举措

《新片区方案》支持新片区以投资自由、贸易自由、资金自由、运输自由、人员从业自由等为重点，推进投资贸易自由化、便利化。在金融创新方面，强调在风险可控的前提下，按照法律法规规定，借鉴国际通行的金融监管规则，进一步简化优质企业跨境人民币业务办理流程，推动跨境金融服务便利化。经国家金融管理部门授权，运用科技手段提升金融服务水平和监管能力，建立统一高效的金融管理体制机制，切实防范金融风险。[①]

1. FT 本外币一体化

研究开展自由贸易账户本外币一体化功能试点，探索新片区内资本自由流入流出和自由兑换。作为上海自贸试验区金融改革的核心，自由贸易账户体系是上海自贸试验区探索投融资汇兑便利、扩大金融市场开放，以及防范金融风险的一项基础工程。在上海自贸试验区，统筹统一了各类账户，使得账户能够统筹进行管理，账户内可以自由兑换，这样大大方便了市场主体。当然，对自由贸易账户本身也需要根据形势发展的需要，不断地进行完善。

2. 先行先试开放措施

先行先试金融业对外开放措施，积极落实放宽金融机构外资持股比例，拓宽外资金融机构业务经营范围等措施，支持符合条件的

---

① 《中国（上海）自由贸易试验区临港新片区总体方案》2019 年 8 月 6 日。

境外投资者依法设立各类金融机构，保障中外资金融机构依法平等经营。

上海自贸试验区新片区将聚焦国际金融中心，在金融开放方面率先突破。除了整体制度创新和产业发展上的安排，作为重要配套保障的金融业开放也是作为新片区制度探索的重点。新片区将充分发挥上海金融开放前沿阵地的优势，对标上海国际金融中心建设，进一步推进投资贸易自由化。其中，在资本自由流入流出和自由兑换等方面有望率先突破。

上海自贸试验区挂牌 6 年以来，上海国际金融中心建设以金融支持自贸试验区建设为突破口取得了长足进展，借助于政策优势，多项金融业对外开放试点项目落户。上海已经成为国际金融门类比较完备的城市之一，有 12 个全国性的金融要素市场，各类金融市场的国际排名也显著提升，多个品种的交易量位居全球前列，成交额是 1646 万亿元人民币，同比增长 16%。[①] 上海已经成为中外资金融机构的重要聚集地，除了金融、证券、保险、基金不断会聚，总部型的金融机构不断涌现，金砖国家新开发银行、人民币跨境支付系统等一批重要的金融机构或组织落户上海。上海金融业增长值 5781 亿元，同比增长 5.7%，占全市 GDP 的 17.7%。上海已经成为中国内地金融对外开放的新高地。

---

① 郑杨：《上海自贸区成立 5 年来已发布 9 批 110 个金融创新案例》，《澎湃新闻》2019 年 5 月。

Shanghai Free Trade Zone: Highland of Financial Innovation

Ye Minhua

（Shanghai Administration Institute）

Abstract: China's free trade zone is known as the "experimental field" for China's the reform and open-up policy. As the first free trade pilot zone in China, since its establishment in 2013, the Shanghai Pilot Free Trade Zone has made pioneering and bold innovations in the fields of investment, trade and finance, and has achieved a series of results. More than two hundred application has been applied across the country. The article illustrates the progress of how Shanghai Free Trade Zone evolved into the highland of financial innovation from the perspective of target positioning policy and detailed finance measures. Shanghai Free Trade Zone has issued 9 batches, 110 financial innovation cases since established six years ago. Therefore, Shanghai has maintained its fifth place in the world for two consecutive years in the GFCI ranking of the latest global financial center index published by the UK's independent think tank.

金融风险与向绿色经济转型

克里斯蒂娜·布兰迪马特　福图纳托·兰比斯
（意大利经济与财政部）

摘要：2008 年国际金融危机清楚地显示了金融工具错误定价的破坏性潜力，正如对整个金融体系中一小部分风险（美国次级抵押贷款支持证券）的低估，就能引发全球金融风暴，以及自 1929 年大萧条以来最严重的全球经济衰退。

国际社会的反应是加强监管监督框架，使金融系统更具弹性，减少溢出强度，并避免与宏观金融互动而造成更严重的冲击。

十年后，这一举措取得重大进展，但新的风险同时出现了。

在对未来全球金融稳定性最令人担忧的威胁中，监管机构和监管当局将环境相关风险的错误定价列为第一位。

由于环境保护和环境恶化都涉及金融系统风险，因此环境问题和金融稳定性紧密相连。一方面，对财产或贸易的损害可能转化为适应成本和经济价值损失（自然风险）。另一方面，向绿色经济体系的过渡以及为促进这一过渡而实施的政策的后果（监管措施、国际约束性承诺、经济和自愿文书）可能会改变资本存量和商业模式的财务稳健性（过度风险）。

这些风险可能会深刻影响大量行业和领域的资产价值，造成赢家和输家，对那些更容易受污染或资源密集型技术束缚的领域和公司造成损失。

如果与环境相关的风险没有被正确定价，这一过程可能会导致一些突发性的意外资产减记和贬值，可能会严重到引发所谓的"气候明斯基时刻"，给投资者、保险公司和信贷机构带来突发性的严重损失，并转化为一场影响广泛的金融危机。

2019 年 4 月，英国央行（BOE）警告称，约 20 万亿美元资产因气候变化而消失，并强调如果机构和企业未能及时做好准备，冲击可能十分严重，并引发全球经济增长脱轨。

金融监管机构目前正在认真考虑金融环境相关风险，主要关注二氧化碳排放和气候变化相关风险。考虑到全球变暖可能造成的危害，人们大多首先关注自然风险，但越来越多的提议旨在评估和预防向低碳经济过渡所产生的风险。

关于这一课题的理论和实证研究也越来越引起人们的兴趣，但相关文献仍然有限，没有提供确凿的证据。

本文研究绿色经济转型中的风险问题，探讨绿色经济的传导渠道、国际当局的应对措施，以及金融市场的反应。

本文具体结构如下：

首先，探讨环境保护与金融风险之间的主要联系，主要关注自然资源和气候。

在介绍了国际当局的对应措施之后，我们分析了向循环和低碳经济转型的相关数据和指标。考虑到这一转型所带来的巨大挑战、所需的大量资本、与创新和科技发展以及与当前投资长期回报相关的不确定性因素，我们还讨论了一些有关政策效力和效率的问题。特别是不同措施之间的相互作用，强调了成功过渡需要灵活渐进的方法，以及政策、资本和技术三者之间的平衡协调。

最后，我们讨论了金融市场的反应，以评估金融市场是否参与转型风险定价，以及如何参与定价，并简要回顾了现有的实证研究，以及对金融指标的定量分析研究。

Financial Risk and the Transition to a Greener Economy

Cristina Brandimarte   Fortunato Lambiase

Abstract: *The recent crisis clearly highlighted the disruptive potential of financial instruments mispricing, as the undervaluation of risks of a small part of the overall financial system—the US subprime mortgage-backed securities—stirred up a global financial turmoil and* *triggered the worst worldwide downturn since the Great Depression of 1929.*

The response by international authorities has been to reinforce the regulatory and supervision frameworks in order to make the financial system more resilient, to reduce the intensity of spillovers and to avoid the amplification of shocks through macrofinancial linkages and interactions.

Ten years later, much progress has been made but new risks are emerging.

Among the most likely and worrying threaths to future global financial stability, regulators and supervision authorities currently rank the mispricing of environment-related risks.

Environmental issues and financial stability are strictly connected as both environmental deterioration and environmental protection involve risks for the financial system. In the first case, damages to property or trade may translate into adaptation costs and economic loss of value (physical risk). On the other side, the transition to a greener economic system and the consequences of policies implemented to foster such transition (regulatory measures, international binding commitments, economic and voluntary instruments) may alter the financial soundness of capital stock and business models (transition risks).

These events may profoundly affect asset values across a wide range of sectors and areas, creating winners and losers and damaging particularly areas and firms that are more locked-in with polluting or resource intensive technologies.

If environment-related risks are not correctly priced, the process can result in a number of sudden unanticipated write-downs and devaluations of assets, that could be so severe to trigger a so called "climate Minsky moment", generating sudden and severe losses for investors, insurance companies and credit institutions and translating into a widespread financial crisis.

Last april BoE warned that about $20 trillion of assets are wiped out by climate change, underlining that, if institutions and companies fail to prepare promptly, the shock could be so severe that it could trigger a derailing global growth.

Financial regulators and supervisors are currently carefully considering financial environment-related risk, focusing mainly on the risks associated with CO_2 emissions and climate change. While most of attention has been first paid to physical risks, considering the possible damage resulting from global warming, a growing number of initiatives is aiming to assess and prevent risk arising from the transition to a low-carbon economy.

The interest of theoretical and empirical research on the topic is also growing but the literature is still limited and does not provide conclusive evidence.

This paper deals with the issue of risks associated with the transition to a greener economy, examining the transmission channels, the countermeasures by international authorities and the reaction of financial markets.

In detail, the paper is organized as follows.

First, we describe the main links between environmental protection and financial risks, focusing on natural resources and climate.

After introducing countermeasures by international authorities, we analyze data and indicators relative to the transition towards a circular and low-carbon economy. Aware of the enormous challenges posed by this transition, given the significant capital required and the uncertainties relative to innovations and technological development and to long-run returns of current investments, we also discuss some issues concerning policies effectiveness and efficiency. In particular, we consider interactions among different measures, underlining how a successful transition would require a flexible and gradual approach and a close and balanced coordination between policies, capital and technology.

Finally we deal with the reaction of financial markets to evaluate if and how markets have priced and are currently pricing transition risks, with a brief review of existing empirical literature and a quantitative analysis of financial indicators.

可持续性与金融

帕斯奎尔·卢西奥·斯坎迪佐

（罗马第二大学）

摘要：可持续性概念在经济理论中逐渐出现，涉及科技和环境的各种主题，但更普遍的意义在于，从代际平衡的角度来确定良性经济增长模式的能力。除了其技术定义以外，可持续性已成为一个时髦词，表示需要限制经济增长和保护环境，充分发挥两者的互补性并减少冲突。可持续性还具有更广泛的意义，它已逐渐扩展到实现经济、机构、社区和环境之间的稳定平衡所必需的财政、政治和社会条件，以及在更抽象的层面上实现正义和自由之间的稳定平衡。本文以可持续金融为研究对象，分析了近年来政策工具领域的一个重要发展，以及为支持环境友好和促进发展而创造的新金融产品的一些主要特点。

Sustainability and Finance

Pasquale Lucio Scandizzo

University of Rome "Tor Vergata" and Open Economics

Lucio.scandizzo@openeconomics.eu

Abstract

The concept of sustainability has gradually emerged in economic theory from a variety of topics that concern technology and the environment, but also, more generally, the ability to identify virtuous economic growth patterns from the point of view of the balance between present and future generations. Beyond its technical definitions, sustainability has become a buzzword for the need to contain economic development and conservation of the environment, exploiting its complementarities and reducing its rivalries. Sustainability has also taken on a broader significance, which has gradually extended to the financial, political and social conditions necessary to achieve stable balances between the economy, institutions, communities and the environment, and, at a more abstract level, between justice and freedom. This paper focuses on sustainable finance, a more recent,

236

important development in the field of policy instruments and analyzes some of the main features of the new financial products created to support environment friendly and development enhancing long term investment.

Sustainability and Economics

While economic growth theory has undergone various developments in the past 50 years, identifying the ultimate sources of growth and the roots of its sustainability has not proceeded much beyond the work of Rostow, Harrod-Domar, and Solow-Swan. All these authors concentrated on the investment needs for "take-off" growth (Rostow), the rate of growth that would assure equality between demand and supply (Harrod-Domar) and the ultimate source of growth in (exogenous) population growth and technological change. Exogenous or later on, endogenous, technological change was indeed found to be the greatest explicator of growth—that is, technology that created the "option" of growth in labor and capital to be translated to extraordinary growth—growth beyond that of the rate of expansion of the labor force. As long as technology changed, growth was assured above the natural rate of growth of the labor force. The economic literature on growth from Solow-Swan onward was in essence a search to make endogenous this technological change.

Much of the literature of endogenous technical change relied on "learning by doing" or the growth of knowledge (Romer). In essence, knowledge was considered as a renewable capital good. Output could be sustained without population growth and exogenous technical progress. This approach built a series of models, where allocation of resources between the sectors of research and development and other sectors is determined by relative returns and growth can be indefinitely sustained as far as it results in externalities that foster sufficient technical progress.

Endogenous technological change built upon a "blueprint" of past technologies led to the concept of growth as path dependent. Technological blueprints "stacked" one upon the other created the paths for growth. At any point in time, these stacks of technologies along with available labor and capital created the options for future growth. The endogenous nature of this approach suggested that policies could be used to foster growth. At the same time, the fact that growth resulted from an involuntary set of external effects from increased and shared knowledge translated into the search for what drove the change from one blueprint of technology to another. As time went on, growth slowed down while negative signals of its effects on the environment and its sustainability began to emerge.

The evolutionary approach pioneered by Veblen and Schumpeter but benchmarked by the work of Nelson and Winter is based on technological progress being driven by a survival of the fittest. In spite of being spurred by the external effects of non-excludable increases in knowledge, technology was assumed to be path dependent, developed within the boundaries of firms, with the least fit firms being consumed by the fittest. "History" becomes irreversible and diverse technologies exist at the same time. Governments could partly order this process by financing or investing in research and development and thereby building the possible blue prints for new technologies.

This approach to growth based upon technological change is founded upon private decision making alone. However, two inter-related phenomena appear to have escaped its views. First, accelerating technological change may have negative external effects, since innovative products face accelerating obsolescence, thereby increasing capital risks. Second, in part because of this more rapid prospect of "creative destruction", private capital is increasingly attracted by short term investment, and returns often based on fast turnover and speculative profits from financial bubbles. The consequence of these two effects is thus a progressive reduction of long term investment and an increasing expansion of natural resource based extractive ventures that ultimately harm the environment by destroying natural capital.

Environmentalists have argued that private based economic evolution and its associated search for the optimum investment parameters is leading to an unsustainable development path—that in fact options for future generations are being destroyed and are not being valued properly, especially when outcomes are uncertain. Many argued for application of the precautionary principle where technological change is not permitted unless the full consequences of such actions could be accessed. Furthermore, the burden of proof is to fall on the perpetrator of technological change. It was for the entrepreneur to ensure beyond doubt that irreversible harm would not result from the proposed technological change. In a world of uncertain outcomes, this approach largely implied that change which could potentially threaten nature would be suspended. A weaker form of this precautionary principle implied a more balanced approach where the costs and benefits are weighted and socially unacceptable risks are to be taken into account. In this case, however, both governments and the private sectors must play a more proactive role, by accepting the responsibility of finding viable solutions for sustainability beyond the mere reliance on traditional real and financial markets.

Sustainable Finance

As discussed in the previous section, the concept of sustainability has gradually emerged in economic theory from a variety of topics that concern technology and the environment, but also, more generally, the ability to identify virtuous economic growth patterns from the point of view of the balance between present and future generations. Beyond its technical definitions, sustainability has become a buzzword for the need to contain economic development and conservation of the environment, exploiting its complementarities and reducing its rivalries. Sustainability has also taken on a broader significance, which has gradually extended to the financial, political and social conditions necessary to achieve stable balances between the economy, institutions, communities and the environment, and, at a more abstract level, between justice and freedom.

In this context of progressive awareness of the need to find more satisfactory social balances between market and society, as well as more effective models of social and economic governance, finance has played a difficult role, divided between speculation and innovation. The speculative pressures have mainly concerned its function as the driver of profits linked to growing international liquidity, in the context of market globalization associated with an increasing frequency and volatility of short term transactions. This has also led to a tendency to shirk any form of regulation and control in the name of market efficiency, while fueling speculative bubbles and placing a heavy mortgage on the stability of the entire economic system. Financial innovation has facilitated this growth model by generating a whole series of tools that have accelerated the growth of impersonal, high-risk systemic global finance and which have largely led to the latest major crisis that has overwhelmed global markets since 2008. However, some of the financial innovation has had to respond to the growing demands of operators and civil society, which saw the involution of international finance instruments as a definite fall in responsibility for the system of intermediaries and especially that part of the system—the development banks—which from Bretton Woods onwards had been mandated to ensure the stability of trade and to protect its economic and social quality in the short and long term.

Financial institutions have traditionally played the role of brokers between savers and investors, ensuring that they meet on the markets, receive adequate information and training and proceed to the successful end of contracts. At the same time, through diversified financial instruments, the institutions themselves have fueled investment opportunities, making a crucial investment injection of funds for businesses, investment and consumption. In this context, finance has always had a development function, but only in recent years has this function been geared towards the more ambitious objectives of sustainable development finance.

From the ambiguous role of sustainability for a financial system aimed only at the pursuit of immediate profits a series of new instruments emerged variously known as green, social or, more generally, sustainable finance. The creation of these instruments is intertwined with the need to address major investment challenges such as those on the mitigation of climate change and new infrastructure, in the face of a paradoxical trend of secular fall in long-term public and private investment. The new tools generally have two aspects that set them apart from traditional finance. First of all, they are aimed at achieving particular investment objectives (the so-called target finance), improving business efficiency for the pursuit of social purposes (performance finance) or pursuing results social and environmental well-being (impact finance). Secondly, they take on characteristics of ethical products, i.e. products that incorporate qualities that transcend individual interests, such as altruism and trust, and which therefore propose themselves as alternatives to traditional both private and public instruments of finance, including past attempts through public-private partnership, project finance and concessions.

More generally, the new instruments, among which the so called "Green bonds" are the leading product, aim to extend and deepen the capital market, by diversifying its supply through transformative financial products. They appeal to the willingness to pay for public goods of private entities and public-private institutions such as pension funds, foundations and players in the non-profit sector. This leads to a further progressive widening of the direct relationship between development finance and the private sector, which includes a catalytic and risk-sharing role with public entities. A system of intermediaries is therefore being set up that collects financing for long-term investment and development aid in a broad sense (both nationally and internationally) and offers development finance services to the private sector, and to institutional investors and project sponsors willing to operate in the highest-risk projects, but with a higher impact on Sustainable Development Goals (SDGs).

The most important financial innovations have mainly concerned the universe of so-called development finance, i.e. that part of the international financial system that targets long-term investment projects and global challenges such as climate change and the fight against poverty. There are many drivers of change, including the effects of the 2008 financial crisis and low growth on public budgets and the operation of commercial financial intermediaries, with the introduction of increasingly stringent risk taking rules and a gradual abandonment of project finance, especially for infrastructure. Fiscal consolidation and the slowdown in the world economy, as well as the increasing focus on systemic risks, have made the financing gap between resource availability and government investment objectives, even more evident, but have also highlighted the inherent limits of public intervention at national and local level to address sustainable growth issues in the face of climate change and global economic imbalances. The United Nations Conference on Trade and Development (UNCTAD) puts the need for investment in education and health infrastructure at USD 2,500 billion per year, which is compounded by investments to combat climate change and the transition towards a low-carbon economy, which the International Energy Agency estimates to be 13.5 trillion by 2030, and therefore about USD 1 trillion per year. According to OECD definitions, the climate finance sector is now receiving funding of less than USD 400 billion. While indicating a high potential for subsidized finance available to sponsors of long-term projects, the gap between need and availability remains huge. The imperative that has emerged in the most diverse international venues, including the G20, is clear: it is essential that the private sector takes on an increasingly important role as a development agent to address the energy transition and sustainability issues.

The Development Finance sector is therefore innovating its business model to stimulate investment in the sectors left uncovered by commercial finance. This aims to develop a new model of "transformative" rather than incremental finance, with a leap in quality, as well as quantity, to generate a new and more sustainable momentum for global growth. In this, the multilateral institutions and the universe of development banks aim to play a catalytic role, filling a supply vacuum of traditional finance in its most congenial forms to the logic of investment to attack the financing gaps that current instruments fail to significantly reduce. A few points can be drawn about the current development. The new business model adopted by the development banks, with the EIB and the World Bank as the undisputed leaders in the sector, leads to a further progressive expansion of the direct relationship with the private sector to induce it to re-enter it, even with the help of risk transfer mechanisms to public entities. A system of intermediaries is therefore being set up that collects financing for long-term investments and development aid in a broad sense (both nationally and internationally) and offers development finance services to the private sector, both institutional investors are project sponsors willing to operate in the countries with the highest risk, but with a higher impact on The Sustainable Development Goals (SDGs).

Project finance and development aid in a broad sense (both nationally and internationally) are also changing modus operandi, so as not to be held hostage to a general framework in which commercial finance is subject to stringent regulations on acceptable risk profiles for the financial system and of generally restrictive economic policies. All this negatively affects the development of project finance and commercial structured finance, while leaving uncovered a growing slice of finance needed for the development of infrastructure and projects with high social value, but often highly risky as well. Traditional development finance and concessionary finance in particular suffer from distortions of financial systems that struggle to counter trends in under-investment, due to tightening conditions or lack of credit. They also tend to generate asset substitution, i.e. the selection of less innovative investments for fear of seconding investors' preference to choose the riskiest projects and thus achieve desired returns, even in the presence of higher borrowing costs. At the same time private entrepreneurs are less willing to commit resources to innovation in the fear that the ever growing speed of technological progress renders their projects obsolete before capitals can be recovered. Multilateral Agencies are therefore developing proposals for partnerships and other forms of cooperation with the private sector, to enrich knowledge, skills and technical assistance to governments and to manage possible conflicts of interest in the assessment of project risk allocation. In fact, with development finance, together with other complementary economic policy measures promoted by governments and development banks, we are trying to remedy this situation of structural financing gap, boosting investment and capacity innovative companies, beyond fiscal consolidation and towards a new policy of economic development.

The fundamental idea behind the new model is the progressive construction of relational finance, that is, a finance increasingly based on a trust and a continuous relationship between borrowers and fund providers, in a time dimension that covers a cycle of project programming shared at a global level. In this context, Sustainable Development Finance (SDF) becomes one of the tools for recreating an ongoing and fiduciary relationship between creditors and debtors, as a virtuous effect of an effective partnership for economic development. In addition, the mechanisms for programming and dispensing finance around the world, in the wake of the post-Paris Party Conference and COP 22 (Conference of the Parties of Marrakech), accentuate the interactions between the supranational levels (agencies that provide multilateral intermediaries) and national intermediaries, both for policy planning and investment activities and for their financing.

The main features of the SDF

Public promoters of SDF, including governments and multilateral institutions, aim to develop new financial instruments, not only to promote more investment by the private sector, as was the case with the traditional incentives for private financing and private-public partnerships (PPP) finance, but also to get private capital involved in sustainable development financing (Figure 1). The private sector therefore occupies at least two seats at the table of sustainable projects' financial structuring: that of the user of finance (investment sponsor) and that of a lender (e.g. as a parallel lender, co-lender or co-investor in private equity schemes) together with Development Agencies (with own funds) and funds provided by donors. This means that the SDF is also seeking to increase incentives for private sponsors, for investment in development programs and projects with priority social objectives, and for private capital providers to participate in these Investments. Institutional investors and the galaxy of investment funds, including those of a social and philanthropic nature, are primarily included in this broad category. They are joined by the same users of these capitals, i.e. sponsoring companies, large and small, public and private, which mainly provide ideas, technologies and skills to realize effective projects.

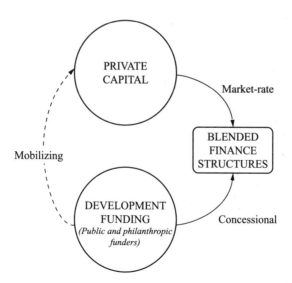

Figure 1   The Structure of Sustainable Development Finance (SDF)

A corollary of this first aspect of the SDF is that sponsors become strategic investment partners, rather than opportunistic users of subsidized finance resources（Figure 2）. SDF's contribution includes the possibility of increasing the provision of sponsors' own resources（e.g. equity and debt）to projects, in exchange for a contribution to improve the financial structure and lower the overall cost of the project capital for the same sponsors. The idea is that the SDF will reduce the riskiness of the perceived project and improve the debt capacity of sponsors, and therefore their willingness to pursue investment projects/plans, which would not be achievable in the absence of SDF. The SDF is further based on the idea that concessions can have a greater leverage in investment financing than in the past. For Multilateral Agencies, this leads to

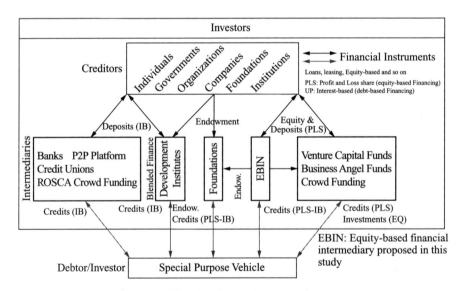

Figure 2　New and Old Financing Channels

more private resources being catalyzed in the face of targeted public contributions in the financial structure of the investment (including the development, insurance and venture capital costs required by sponsors to finance the investment).

A further corollary concerns theregulatory framework (Figure 3). This new approach to financing, in fact, aims to construct a business environment that is consistent with a planning strategy to achieve sustainable development. As a consequence, business strategies, micro and macro-prudential rules, as well as credit assessment and ratings should be based on the contribution that companies and governments can provide, through their programs and projects, to sustainable economic and social development. This may imply a gradual revolution in international standards for performance measurements and reporting, including national accounts and other statistics, as well as cost benefit and economic impact analysis. As the relationship between the public and the private sector becomes more intertwined around the common sustainability goals, long term objectives will tend to prevail on short term ones, and more visionary and virtuous companies will see their efforts crowned by wider recognition from more informed consumers. Ultimately, even though it may seem that sustainable goals are pursued at the expenses of short term profits, higher overall payoffs in form of reputation, market shares and profitability will accrue to companies that have been able to conceive, finance and implement a new class of sustainable investment programs.

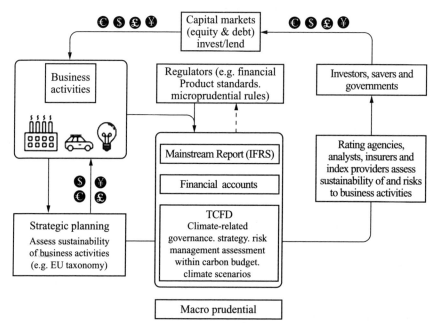

Figure 3   The Regulatory Framework

In order to induce private companies to proceed along the new path, however, in the short run, two parallel effects have to be triggered. On the one hand, SDF must attract private capital by lowering market risk, for given expected returns through reputation, guarantees and insurance provided by participating public institutions. On the other hand, concessionary financing may be also promoted through various financial and insurance instruments that reduce the risk profile and/or the direct cost of financing and thus lower the cost of capital for investment sponsors. Concessionary conditions are therefore spread over a larger body of funding in order to enhance their incentive effect, through the diversification of funding instruments and the mitigation/transfer of part of the risk, as well as the exploitation of economies of scale and purpose on the part of the lender, with correspondingly lower transaction costs.

The SDF provides investors not only with financing—broader and able to respond to a more complex demand—but also intangible benefits to support the medium-term strategies of investors. This means that the SDF is also seeking to increase incentives both for private sponsors, for investment in programs and development projects with social objectives, and for private capital providers to participate in these Investments. This broad category includes institutional investors and the galaxy of investment funds, including those of a social and philanthropic nature. They are joined by the same users of these capitals, i.e. sponsor companies, large and small, public and private, which may also provide ideas, technologies and skills. The idea is that the FdS will reduce the riskiness of the perceived project and improve sponsors' debt capacity, and therefore their willingness to pursue investment projects/plans, which would not be achievable in the absence of FdS. These would be more closely linked/integrated to the structure of investment projects and programs, with a public-private partnership (PPP) component that enhances their effectiveness in terms of planning and long-term impact.

The innovativeness of the financial model proposed with the SDF consists above all in its transformative ambitions, the great flexibility of the possible operations and the scale of the mobilization of the capital to which it is aimed. The FdS is also linked to a new concept of public-private partnership, compared to the forms widely experienced since the 1980s. It is a formula of partnership between equals involving public and private stakeholders in which, ideally, companies and investment funds, both private, propose themselves as centers of social responsibility alongside public institutions, not only to follow the incentives of concessionary finance, but to contribute in turn to the pursuit of shared social goals. These new forms of public-private alliance are also linked to a further feature of the SDF, which increasingly feeds on purpose driven financial products, directly linked to the social objectives pursued. Excellent examples of these products are the green bonds, the climate bonds, the sustainability bonds, as well as the green certificates, derived from multilateral agreements on CO_2 reduction through the cap and trade systems.

The evolution described highlights a scenario of increasing opportunities for collaboration and partnerships between public and private institutions, as well as spaces to integrate social sustainability goals into development and performance improvement of company strategies. At the same time, this development suggests that traditional opportunistic ad hoc funding strategies, for example on the basis of individual investments in mid or late-stage development, will be penalized and become therefore obsolete. In fact, even in the face of the maximum flexibility and pragmatism in the search for funding, investment opportunities and financing costs will be increasingly linked to a selection process that is based on objectives that transcend individual projects, to satisfy a network of interests, mutual validations and ever-widening ideal affinities.

On the credit supply side, an investment strategy with a strong impact on climate change and sustainability (energy transition, resilient and low carbon infrastructure) may have a very good chance of dialogue with a plurality of public and private international stakeholders. Many of these individual agents and institutions, in fact, are likely to be attracted by the possibility to align programs and projects on sustainability goals and broaden funding strategies beyond mere diversification of sources and opportunistic research of lower costs. In the current context, access to the SDF seems increasingly linked to the credibility of the beneficiary of funding, as a partner in promoting, as well as designing and executing, sustainable and inclusive growth policies. This credibility is a discriminating factor for donors in the international community and, more specifically, by the institutions that manage or collect and make funds available for funding to support these policies. Multilateral institutions such as, in particular, the World Bank (BM) and the various Regional Banks created in its image, have taken on a leadership role in the SDF precisely because their supranational position has allowed them to be more recognized "super partes" public agents and, at the same time, as centres of knowledge, research, development and financial innovation.

The New Impact Finance and the Development of the "Green Bonds"

Green Bonds (GB) are technically defined as thematic capital-rising instruments in which the proceeds will be exclusively applied (either by specifying Use of Proceeds, Direct Project Exposure, or Securitization) towards new and existing Green Projects—defined here as projects and activities with positive benefits for climate and environment. However, since we are essentially in a self-labeling phase of the market, the denomination "green bond" is often loosely applied to a bond whose proceeds are claimed to be directed at funding environment-friendly projects. More distinctively, green bonds can be defined as financial instruments that combine the fiduciary element of fixed income products with climate mitigation and adaptation awareness, giving mainstream investors access to environment enhancing and climate-related investment opportunities. As such, they present themselves as potentially valuable tools to encourage government and industry investments in sustainable projects, processes and technologies with a transparency that allows investors to understand the challenges and thus diversify risk.

Risk diversification is an important component of GB products for several reasons. First, GBs aim to reduce market risks by planting the seed of a new typology of portfolio diversification. This would not be only based, as in the past, on different credit risks and their correlation with the market portfolio. Rather, it would consist of certain intrinsic characteristics of the financial products, which make them more appealing to long term investors and, at the same time, promote a more informed and longer view of returns in the interest not only of individual investors, but of society as a whole. Second, GBs focus on the use of proceeds, thus providing a framework of accounting and social responsibility for companies and investing institutions. Third, GBs aim to propose investment that in the long run become increasingly popular, thus rewarding original buyers and first movers. In this sense, even though at the start, GBs may be sold at a discount, they hold the promise of being less volatile, more predictable and, ultimately, more profitable, given sufficient time. In this respect, GBs are a financial innovation that embodies the concept of "patient capital", an idea that is widely attributed to the investment pattern of Chinese development aid, and that is consistent with a vision of the capital markets where private profits and social welfare can fruitfully meet.

While many operators look skeptically at these promises, several studies have tended to confirm the premium nature of this new product and the increasing consideration that they are receiving both in the primary and secondary markets. For example, a careful NBER study by Flammer (2019) has recently concluded that certified green bonds are met by: "... a significant and positive stock market reaction. Specifically, in the two-day event window around the announcement, the cumulative abnormal return (CAR) is 0.67%." The study also finds that the issuance of green bonds significantly improves long-term financial performance as measured by the return on assets (ROA) and the return on equity (ROE) two and more years after the green bond issue, "... confirming that green bonds yield tangible benefits to companies". Finally, it finds considerable contributions to companies' environmental performance in terms of reduction of their CO_2 emissions and achieving a higher environmental rating.

From a broader point of view, green bonds are "ethical" products. While it may not be clear what this term implies in economics, they are part of an increasing number of social products that circulate in what we can call "the quasi-market". This is a somewhat virtual reality that embodies, as both a prediction and a prescription, the ideas of a famous economist, Ronald Coase (1967) on the need to develop and favor exchanges among interested parties whenever apparent market distortions threaten to create winners and losers by uncontrolled externalities. Ethical financial products are thus instruments to widen markets and increase their efficiency, and are based on trust and concern for social goods, such as the environment and the condition of future generations. They also aim to internalize harmful externalities and induce companies and consumers to take them into account in their daily behavior, by providing concrete incentives and opportunities to manifest social virtues such as altruism and concern for the more disadvantaged. They provide individual and institutional investors with a way to combine income earnings with confidence that the proceeds of their investment will be used in a manner that improves the social condition, through this and the following generations and ultimately, earth as the present and future environment of the human species. Issuers also benefit, since these ethical characteristics may attract a new subset of investors—and higher demand, in turn, equates to lower borrowing costs. By providing access for project developers to a deep pool of capital from the institutional investors and world debt markets, green bond financing can thus reduce the cost of capital and ease the transition to a low carbon economy.

The Green Bond concept was developed in 2007/2008 by SEB (the Swedish Environmental Bank) and the World Bank as a response to increased investor demand for engagement in climate-related opportunities (Scandizzo and Ferrarese, 2016). The first entity to issue such bonds was the World Bank, which began the practice in 2008 and has since issued over $3.5 billion in debt designated for issues related to climate change. Ginnie Mae and Fannie Mae have also issued mortgage-backed securities with the "green" label, as has the European Investment Bank. U.S. municipalities have been issuing bonds for the specific purpose of funding environmental projects for several years, although usually not with an easily-identifiable green designation. Still, $1.7 billion worth of bonds were issued within this category during the first half of 2013.

Table 1 above reports the data on green bond issues by year. As can be seen, green bonds represent only a small fraction of the bond market, but this fraction has grown rapidly, from 0.004% of the overall market in 2007 to almost 0.5% in 2018 (the issuance of ordinary bonds was $32,342B, compared to $143.1B for green bonds). As for the investors, Sweden's public-sector pension fund was one of the earliest institutional entity to purchase a large amount of green bonds for its diversified portfolio. More recently, private asset managers have shown increasing interest for this type of investment. For example, Zurich Insurance said it would buy $1 billion of green bonds, with the portfolio run by BlackRock, an asset manager. Christopher Flensborg of SEB, a Swedish bank that is the largest underwriter of green bonds, reckons more than 250 institutional investors have bought at least one green bond, up from a handful two years ago. The largest bonds—such as a $3.4 billion issue from GDF Suez, a utility—are now big enough to appear in general bond indices. On July 1st Barclays, a bank, and MSCI, an information firm, said they would launch the first green-bond index. To date total green bond issuance amounts to $500 billion, a large number, but still a drop in the bucket of international debt of non financial institutions, which is estimated in the neighborhood of 50 trillions.

Table 1
Green bonds over time

This table reports the amount(in $B) and number(#) of green bonds issued on an annual basis. The table also reports the corresponding statistics for ordinary bonds(i.e., bonds that are not labelled as "green"). The dataset includes all bonds(excluding muni bonds) in Bloomberg issued between January 1, 2007 and December 31, 2018.

Year	$B Green bonds	# Green bonds	$B Ordinary bonds	# Ordinary bonds	Share of green bonds($)	Share of green bonds(#)
2018	143.1	519	32,341.7	191,362	0.441%	0.270%
2017	146.6	441	38,893.2	172,645	0.376%	0.255%
2016	95.4	263	37,268.9	146,912	0.255%	0.179%
2015	47.7	328	31,573.7	132,506	0.151%	0.247%

（ continued ）

Year	$B Green bonds	# Green bonds	$B Ordinary bonds	# Ordinary bonds	Share of green bonds($)	Share of green bonds(#)
2014	34.5	138	29,300.9	123,106	0.118%	0.112%
2013	13.2	39	27,196.3	114,474	0.049%	0.034%
2012	2.1	21	30,066.0	100,283	0.007%	0.021%
2011	1.2	30	28,125.8	86,096	0.004%	0.035%
2010	4.4	55	28,268.9	83,112	0.015%	0.066%
2009	0.9	13	28,868.6	86,364	0.003%	0.015%
2008	0.4	7	23,686.4	115,269	0.002%	0.006%
2007	0.8	1	20,571.3	118,215	0.004%	0.001%
Total	490.4	1,855	356,161.8	1,470,344	0.138%	0.126%

Source：Flammer（2019）

Infrastructure, Public Debt and Sovereign Green Bonds

Sovereign green bonds have a great potential for infrastructure financing—a key constraint for developing economies as well as for many advanced countries. On the demand side, this implies that a large amount of resources is needed to invest in basic infrastructure, including energy, water, communication and fundamental utilities. On the supply side, infrastructure canraise potential output growthand help reduce the carbon footprint of countries' development pattern. Innovative public and private investment in sustainable development is thus essential, especially for countries that have experienced sufficient growth in the past, but are threatened with environmental degradation, resource depletion and climate change negative impact.

The need for infrastructure investment and increase in potential output today, however, contrasts with an economic situation where many countries are plagued by a growing public debt. For low income countries, in particular, public debt has risen, since 2013, by 20 percentage points of GDP, increasingly obtained from non-concessional and private sources. Debt-to-GDP median ratio is also at 54 percent up and the number of countries deemed to be at high risk of debt distress or industries has moved from 12 to 19 since 2013.

One of the main reasons for this "debt explosion" is that many countries, including, in particular, the resource-rich ones, did not adjust their spending plans in response to the international financial crisis and the drop in international oil and raw-material prices that have stayed well below their 2014 peak. Instead they financed their widening fiscal deficits mainly through bilateral loans from non-Paris-Club creditors and tapping international financial market through bond issues. The increase in domestic resource mobilization has been by contrast quite limited. This picture contrasts with traditional development partners' rhetoric of scaling up financial support to development from "billions to trillions" particularly through leveraging private sector financing to complement ODA to narrow the infrastructure gap that hinder private sector development. In fact, while there undoubtedly been progresses, the infrastructure gap has been little dented.

Higher levels of debt services and greater currency, interest rate, and refinancing risks are thus at the origin of a vicious circle that affects public investment, which is shrinking under the joint weight of increasing capital costs and the need to finance current budget expenditure. Debt distress is thus expanding hand in hand with a fall and/or a failure to finance public capital and especially the much needed infrastructure for development. Debt sustainability is thus threatened by both increasing costs and failure to raise potential output through investment.

The need for a new breed of public capital and smart infrastructure

From the point of view of development policies, the combination of infrastructure needs and debt distress implies that developing countries should step up the quality of public capital and this can be achieved only by implementing a new breed of effective projects and a new approach to the search for funds based on sustainable development finance. The new breed of projects should aim to incorporate knowledge and human capital formation by integrating basic infrastructure, innovative technology and environmental governance and control. Financing conditions should be improved by developing green financial packages capable to attract a plurality of new public and private investors. In turn, this will require investing in financial infrastructure and the capacity of public administration to develop efficient projects and avoid low return and wasteful enterprises. Among other actions, this means investing in public investment planning and management capacity, removing institutional constraints, and developing resources and experience for project preparation, implementation and financing. At the root of the present difficulties of over-indebted countries lies also the fact that many large projects financed in the past lacked proper preparation and were entangled in a maze of incomplete or ineffective implementation and non-performing loans, with negative results both on their economic impact and on the countries' reputation with foreign investors and financing funds. Thus, both demand and supply factors indicate the need for well-prepared projects addressing all the challenges of sustainable development on a broad technical, economic and financial front.

Solving the debt-infrastructure conundrum will also require a more active government role in developing the new sustainable finance framework through a series of new and effective instruments of financial regulation, insurance, tax treatment and co-financing. In order to tap the deep pools of capital of institutional investors, long term debt instruments at present have to achieve investment grade (at least BBB rating and competitive rates of return). However, both credit rating and rates of return largely depend on the characteristics of the financial products and the price of risk in the financial markets. Many infrastructure projects may thus fail to be financed because they are considered too risky, insufficiently remunerative or both, this being the consequence of imperfections in the capital markets, that are dominated by information asymmetries and agency costs. Part of the financial gap is caused by the failure to tackle these imperfections and to match the demand for funds emanating from projects that are priced out of the market, because they are too innovative to be considered safe and because they do not appear sufficiently remunerative for the private investors, despite their positive economic impact for the collectivity. In many cases, the "new" infrastructure projects, even though innovative and "green", may lack an articulated financial structure that allows them to be competitive in attracting financial resources. They may be too small, too specialized, or dependent on very specific and risky sources of income. Or, due to their public or quasi-public nature, they may not be capable of generating appropriable cash flows that may permit risk sharing through concessions or similar private-public partnerships. The role of the government in improving this situation is thus expandable on a number of fronts and may prove to be decisive. In addition to the issuance of sovereign targeted bonds, that can be sold to the public to complement the usual debentures to finance the budget, the government can reduce the market price of risk by judicious management of a number of financial instruments, including the concession of guarantees and various types of incentives to improve both technical and financial project preparation.

A Class of New Sustainable Projects: Smart infrastructure and spatial planning

Booming population growth and rapidly deteriorating environment make Africa an especially important example of the potential role of the new instruments of sustainable finance. Population growth in Africa continues unabated at very high rates and so does the tendency of the growing population to relocate in sprawling urban areas. The latter are concentrated into mega cities, where agglomeration economies are increasingly countered by congestion diseconomies, with both new and old forms of poverty and low quality of life. While demography appears to be the main drive of an unprecedented urban sprawl, the lack of spatial planning and the inadequacy of investment in infrastructure are also responsible of a form of population dynamics that appears increasingly unsustainable, non-inclusive and environmentally perverse. Lack of spatial planning and of appropriate infrastructure go hand in hand, as their both determine movements of people over space that tend to aggravate the pressures on land and natural resources caused by sheer population growth.

While the investment in infrastructure is below the needs projected on the basis of simple population ratios, missing spatial plans determine a tendency to concentrate roads and railways along the main existing transportation axes. These are constituted by already existing major arteries, typically located in more developed areas and/or in areas of easier access for longer journeys. Complementary transport infrastructure such as bridges, tunnels and cross links as well as related services tend also to be located along or on the major arteries. As a consequence, the pattern of spatial distribution of the population tends to become more and more imbalanced, in terms of both flows of internal and external migrants, and of final locations of people moving over space in response to the growing pressure on land. Large roads and railways across megacities encourage major population shifts and progressive concentration over space, with no clear strategies for sustainable growth. At the same time, this type of infrastructure tends to be costly, in economic, financial and environmental terms, causing landscape fragmentation and threats to natural habitats and wildlife. Related projects are often of lower quality, and under-budgeted, especially for recurrent maintenance and renovation costs. On the other hand, road penetration of rural areas is still very low in most African countries, with the result of a hierarchical and sparse connectivity pattern, with a few hubs well connected and many tenuously connected nodes with only faint linkages with the major hubs and with each other. This pattern tends to encourage long migration journeys and to discourage productive movements over space to access markets and services.

Against this background of chaotic and ungoverned population movements, a new concept of spatial planning is advancing. This concept requires prioritizing the ecosystem services of the different components that contribute to land use (forests, rural areas, watersheds, urbanized vast areas, etc.) by adopting a set of values or shadow prices that make the land use scale hierarchical and compatible with the functionality of potential ecological networks. This new form of spatial planning is also combined with an innovative idea of a holistic infrastructure encompassing complex spatial realities such as growing urban areas and changing landscapes. According with this concept, modern infrastructure results from the integration, at a territorial scale, of a series of components, including traditional elements of produced capital such as roads and railways, combined with assets and services from the ecosystem. These "new" components include natural resources, biodiversity and various forms of tangible and intangible physical and cultural services such as water provision, carbon capture and landscapes. They are new not in the sense that they were not there before, but that a new form of awareness of their vital function has projected them from the background to the forefront of modern infrastructure as a set of complex and integrated spatially built systems.

Combined with higher capacity for project management as well as increasing interest for spatial planning by most central and local governments, implementing the new concept of infrastructure is a promising strategy to end the chaotic process of population movement and urban settlements, by providing both guiding models and effective governance rules. Modern infrastructure thus requires spatial planning to be implemented and, at the same time, is the tool of choice to provide a range of traditional and new services that serve a territory in a sustainable way. In this context, the concept of "smart" infrastructure, is one that combines functional efficiency, technological innovation and ecosystem conservation. Smart infrastructure itself is broadly based on the idea of using emerging technology, such as sensors and communication devices, machine learning and artificial intelligence, as a means of continuous interaction between using agents and equipment on one hand and physical and ecological networks on the other. This interaction in turn is used to generate real time data acquisition and analysis, allowing to better manage and design the infrastructure to achieve "win-win" results that combine development objectives with reduced negative externalities such as landscape fragmentation, biodiversity loss, pollution, road accidents and health hazards.

Some Conclusions

Green bonds are the leading product of a large and growing family of sustainable bonds that are increasingly important both for governments and corporations alike. Within a context of increasing needs and harder borrowing conditions on the part of the developing countries, these financial products offer a new hope for several reasons. First, as private debt financing instruments, bonds are a favorite form of fund allocation for institutional investors and have traditionally been used by the public sector to finance major infrastructure projects. While most developing countries do not have well developed bond markets, bond issuances, backed up by institutional reforms, improved program and project assessment and credit ratings clearly may serve the need of lower cost financing, transparence and financial efficiency. Second, projects financed with bonds issued by several governments have been revolving around environmentally impacting projects such as railways, roads, sewage systems, energy grids and hospitals, dams, bridges and water ways, electric and gas systems and utilities, that is, in many cases, projects that could be designed to improve the environment and to be considered green. Third, most of these bonds are targeted (as for instance in Ethiopia, that has been issuing several infrastructure bonds) in the sense that their proceeds are earmarked to the financing of one particular project or sets of projects. Thus, they are in line with the underlying theme of green bonds, as they carry both a claim and a promise of responsibility on the part of the sponsors that can be specifically evaluated and is part of the sponsors' present and future reputation.

In developed countries, issues of green bonds from government bodies have been especially popular with AAA nationals, State governments and municipalities. In addition to states, provincial and regional governments, however, bonds aiming at financing sustainable projects from private and public subjects, with various degrees of credit quality, have also been raising rapidly and appear both a likely and a desirable development for several reasons (Scandizzo and Ferrarese, 2016). First, green bonds and other sustainable products are an attempt at creating financial innovations that help to bridge the gap between the two equally radical alternatives of free market capitalism and environmental activism. Thus, at national level, they may have a valuable role as instruments of policies that reconcile the interest of the state and the market. In this respect, the World Bank policy may serve as an important example, because of its effort to integrate ecological considerations into the mainstream of its lending activities (Bridgeman 2001: 1037; Nielson and Tierney 2003: 253—271). However, many private and public operators still look with skepticism to green bonds and similar products, because they are doubtful of the willingness to pay a discount on the part of the agents who purchase the bonds and anticipate higher transaction costs for their issuance and marketing. While the ultimate answer to these perplexities can only come from experience, so far issuances of these products have been consistently oversubscribed, and the latest surveys do show lower volatility as well as the emergence of asignificant premium (a higher rate of return for both issuers and investors).

Second, more subtle question concerns the usefulness of green bonds and other sustainability products to enhance the reputation of the companies and government issuing them, beyond the mere channeling of the proceeds toward worthy causes. It is important here to consider the fact that the relationship between lenders and debtors is an asymmetric and often an uneasy one, in which trust is needed throughout and yet can be challenged at any stage of the investment process. This relationship is characterized by agency costs that may arise because of the incentives for borrowers to engage in riskier projects at the expenses of senior lenders and, reciprocally for lenders, in rationing funds for innovative projects even when these are not unduly risky. Difficulties in this relationship have been lately exacerbated by instant diffusion of risk due to hyper-connectivity and by the fall of trust, caused by the loss of local networks, based on strong ties, in favor of global ones.

Third, green bonds may provide access to the deeper pool of capital of institutional investors, many of which act on an ethical mandate from their stakeholders. In turn this could offer debt relief and opportunities for expanding investment to borrowers that are financially constrained. The projects funded may include, in particular, innovations that would be non-competitive under current market conditions, but could leap to competitiveness given sufficient time for operations. Beneficiaries could also include entrepreneurs who face the prospect of fast technological obsolescence of their products and would be induced to forego their development because they would either be rationed out of the market or faced with excessive risks.

Fourth, by targeting effective policies and projects to mitigate climate change, green bonds may be able to offer a premium to projects that yield global external benefits (such as reduction of CO_2 emissions in hydro projects). This would provide further incentives to countries that areaffected by the local negative externalities generated by these projects and help them finance projects that contribute to both global and local mitigation.

Fifth, green bonds may provide incentives at country level to move toward more sustainable practices for a wide range of policy choices and investment decisions, including energy, agriculture, waste disposal, infrastructure, water provision and mitigation and adaptation projects.

Sustainable finance could in fact contribute to remove key distortions in the price system by reducing the cost of capital and enhancing rates of return for projects that are environment friendly, mitigate climate change and generally help to redirect current development toward a sustainable path.

Finally, green bonds may be one of the critical links of a virtuous circle among the various functions of the government, such as financing, investing, regulating and managing public savings (e.g. pension and investment funds).

REFERENCES

K.Ahmed and E.Sánchez-Triana, "Strategic Environmental Assessment for Policies: An Instrument for Good Governance," A World Bank Study. Washington, DC: World Bank, 2008.

S.Andersson and K.Prag, "Green Bonds: Doing Well by Doing Good," Lund, Sweden: Lund University, 2015.

A.N.Berger and G.Udell, "The Economics of Small Business Finance: The Roles of Private Equity and Debt Markets in the Financial Growth Cycle," *Journal of Banking and Finance*, 22 (6—8): 613—673, 1998.

N.L.Bridgeman, "World Bank Reform in the 'Post-Policy' Era." *Georgetown International Environmental Law Review*, 13: 1013—

1046，2001.

A.L.Bristow and J.Nellthorp，*Transport Policy*，7（1）：51—60，2000.

H.Bühlmann and A.Gisler，*A Course in Credibility Theory and Its Applications*，Universitext Series，Berlin：Springer，2005.

E.Domar，"Capital Expansion，Rate of Growth and Employment，" *Econometrica*，Vol.14，pp.137—147，1946.

E.Domar，"Expansion and Employment，" *American Economic Review*，Vol.37，No.1，March，pp.343—355，1947.

B.Fine，O.Madison，E.Paddon，A.Sniderman and T.Rand，*Green Bonds：A Public Policy Proposal*，http://www.actioncanada.ca/wp-content/uploads/2014/04/teamgreenbondsprojectenglish.pdf，2008.

C.Flammer，"Green Bonds，Effectiveness and Implications for Public Policies，" NBER：file://C:/Users/PLS/Dropbox/durable%20goods/Documenti/green%20finance%20services/2019_%20Green%20Bonds%20Study_NBER.pdf，2019.

R.F.Harrod，"An Essay in Dynamic Theory，" *Economic Journal*，Vol.49，March，pp.14—33，1939.

R.F.Harrod，*Towards a Dynamic Economics*，London：Macmillan，1948.

HSBC，*Sizing the Climate Economy*，http://www.research.hsbc.com/midas/Res/RDV?ao=20&key=wU4BbdyRmz&n=276049.PDF，

2010.

S.Karlin and Taylor M.T., *A First Course in Stochastic Processes*, New York: Academic Press, 1975.

O.Knudsen and Scandizzo P.L., "Evaluating Risks of Biotechnology: The Precautionary Principle and the Social Standard," Paper presented to the International Consortium on Agricultural Biotechnology Research, Ravello, Italy, June 15—18, 2001.

O.Knudsen and Scandizzo P.L., "Environmental Liability and Research and Development in Biotechology: Real Options Approach," Paper presented to the International Consortium on Agricultural Biotechnology Research, Ravello, Italy, July 11—13, 2002.

P.Monnin, "Central Banks and the Transition to a Low Carbon Economy," *CEP Papers*, 2018.

D.Mitlin, "Sustainable Development: A Guide to the Literature," *Environment and Urbanization*, 4, 1, 111—124, IIED, London, 1992.

D.L.Nielson and M.J.Tierney, "Delegation to International Organizations: Agency Theory and World Bank Environmental Reform," *International Organization*, 57: 241—276, 2003.

D.L.Nielson and M.J.Tierney, "Theory, Data and Hypothesis Testing: World Bank Environmental Reform Redux," *International Organization*, 59: 785—800, 2005.

O.Perez, *Ecological Sensitivity and Global Legal Pluralism*: *Rethinking the Trade and Environment Conflict*. Oxford: Hart, 2004.

O.Perez, Facing the Global Hydra: "Ecological Transformation at the Global Financial Frontier: The Ambitious Case of the Global Reporting Initiative," In *Constitutionalism*, *Multilevel Trade Governance and Social Regulation*, edited by C.Joerges and E.-U. Petersmann, Oxford: Hart, 2006.

OECD (Organisation for Economic Co-operation and Development), "Infrastructure 2030: Volume 2: Mapping Policy for Electricity, Water and Transport," http://www.oecd.org/dataoecd/61/27/40953164.pdf, 2007.

OECD (Organisation for Economic Co-operation and Development) and IEA (International Energy Agency), "Green Growth Strategy for Energy: A Window of Opportunity," December, http://www.oecd.org/dataoecd/37/41/49157149.pdf, 2011.

D.Rodrik, "Green Industrial Policy," Working Paper, Princeton: Institute for Advanced Study, https://www.sss.ias.edu/files/pdfs/Rodrik/Research/Green-growth-and-industrial-policy.pdf, 2013.

P.M.Romer, "Increasing Returns and Long Run Growth," *Journal of Political Economy*, 94 (5): 1002—1037, 1986.

P.M.Romer, "Endogenous Technological Change," *Journal of Political Economy*, 98 (5), part 2: 71—1021, 1990.

P.M.Romer, "The Origins of Endogenous Growth," *Journal of Economic Perspectives*, Vol.8, No.1, pp.3—22, 1994.

W.W.Rostow, "The Take-off into Self-sustained Growth," *Economic Journal*, Vol.66, March, pp.25—48, 1956.

W.W.Rostow, *The Stages of Economic Growth: A Non-Communist Manifesto*. Cambridge: Cambridge University Press, 1960.

E.Sánchez-Triana, J.Ruitenbeek, S.Enriquez, K.Siegmann, J.Pethick, P.Scandizzo, B.Larsen, and E.S.Golub, "Green and Inclusive Growth in Yucatan Peninsula. A World Bank Study," Washington, DC: World Bank, http://documents.worldbank.org/curated/en/113961468948999848/pdf/AUS6091-REVISED-PUBLIC-YucatanICZMGIG.pdf, 2016.

R.M.Solow, "A Contribution to the Theory of Economic Growth," *Quarterly Journal of Economics*, Vol.70, Feb., pp.65—94, 1956.

R.M.Solow, "Technical Change and the Aggregate Production Function," *Review of Economics and Statistics*, Vol.39, Aug., pp.312—320, 1957.

R.M.Solow, *Growth Theory: An Exposition*, Oxford: Oxford University Press, 1970.

P.L.Scandizzo and Ferrarese C., "Mexico: Methodology to Assess and Evaluate Sovereign Green Bonds," Report No.105165-MX, The World Bank, 2016.

T.W.Swan，"Economic Growth and Capital Accumulation，" *Economic Record*，32：334—361，1956.

The City UK，"*Growing Green Finance*，"https：//www.thecityuk.com/research/growing-green-finance/，2018.

B.Weisbrod，The *Non Profit Economy*，Cambridge，MA：Harvard University Press，1988.

World Bank，"Green Bond：Sixth Annual Investors' Update 2014，"http://treasury.worldbank.org/cmd/pdf/WorldBankGreenBondNewsletter2014.pdf，2014.

宏观审慎政策与信贷供给

洛伦佐·卡波里（罗马第二大学）

艾莉莎·希尔斯（意大利银行）

乔瓦尼·特罗瓦托（罗马第二大学）

摘要：在没有关于最佳簇数理论指导的情况下，我们的选择基于贝叶斯信息准则（BIC），该准则用包含截面的对数估计参数的数目。BIC的公式化使得应该选择显示最小值的模型。表1中报告的值包含三个簇的模型。表2、表3和表4报告了每个簇的基线回归模型——方程（3）——的估计结果。我们的估计表明，宏观审慎政策使用的总体指数MPI，仅与第一类（实际）信贷增长负相关（-0.228），其特点是MPI的最高值（2.336）和私人信贷与GDP的最高比率（121.259，见表5）。因此，对于属于这一类的国家，宏观审慎政策对信贷发展具有显著的缓解作用。对于包含在第二组中的国家，MPI对（实际）信贷增长可忽略不计（0.021）。而属于第三类的是金融业相对欠发达的一类，MPI与（实际）信贷增长为正相

关（0.549），即私人信贷与国内生产总值比率最低（92.989，见表
5）。在模型的固定部分，没有发现信贷增长滞后的参数在统计上有
显著意义。而正如预期的那样，经济增长是积极的和相对的高系数
（0.230），即信贷供应是强顺周期的。

Macroprudential policy and credit supply

Lorenzo Carbonari，Università degli Studi Roma "Tor Vergata"

Elisa Sales，Banca d'Italia

Giovanni Trovato，Università degli Studi Roma "Tor Vergata"

Key Words. Macroprudential policies；credit supply；
procyclicality.

Background. In the aftermath of the global financial crisis，
a growing consensus among policymakers has emerged that a
macroprudential approach to regulation and supervision should be
adopted. In many countries，a number of important measures have been
taken to address this issue and to mitigate systemic risk in the banking
sector. While such macroprudential policies are being increasingly
used，few analyses are available on which policies are most effective in
reducing procyclicality in financial markets and associated systemic risks.

Our main reference is Cerrutti，Claessens and Luc Laeven（2017）. Proposing a novel dataset，in that paper，their paper documents the use of various macroprudential policies in a large sample of countries over the period 2000—2013 and studies the relationships between the use of these policies and developments in credit to analyse the policies' effectiveness in dampening financial cycles. Their main finding is that macroprudential policies are generally associated with reductions in the growth rate of aggregate real credit，with a weaker association in more developed and more financially open economies.

Objective. The aim of our paper is to empirically assess the impact of macroprudential measures on credit supply in a sample of 52 countries over the period 2000—2017. To do this，we employ a semi-parametric econometric technique，which allows to deal with the unobserved heterogeneity and to perform a cluster analysis. In this sense，our paper could complement the analysis delivered by Cerrutti，Claessens and Luc Laeven（2017，hereafter CCL）.

Methods and materials. To construct our dataset we merge information from different data sources. Data on macroprudential policies are the updated version of those used by CCL. Macroeconomic data come from the World Bank and the Penn World Tables. Our econometric approach allows to test the behaviour of aggregate credit supply，under the assumption that unobserved heterogeneity affects parameters estimation. In particular, we employ a Finite Mixture Model (FMM), relaxing the hypothesis of i.i.d. residuals and allowing for correlated random terms. In such a model, the random component captures the impact of unobserved country-specific variables, limiting the effects of the omitted variable bias. By means of this estimation procedure, we can perform a cluster analysis, i.e. we sort countries into groups based on the homogeneity of the conditional distribution of their credit supplies with respect to the estimated unobservable factors.

Our baseline regression model, with random intercept and random parameter, is the following:

$$y_{i,t} = \alpha_{0,i} + \alpha_1 y_{i,t-1} + \alpha_2 x_{i,t} + \alpha_{3,i} m_{i,t} + \varepsilon_{i,t} \tag{1}$$

where y is the real aggregate credit growth rate, x is the real GDP growth rate, m is a vector with the aggregate macroprudential policy index (MPI) provided by CCL, or the presence of groups or individual macroprudential instruments. Parameters $\alpha_{0,i}$ and $\alpha_{3,i}$ capture the country-specific unobserved factors that affect the credit growth rate, through the intercept and the adoption of macroprudential policies, i.e. MPI. Conditionally to the regression parameters, the probability density function of $y_{i,t}$ is given by:

$$f_{y_i} = \prod_{t=1}^{T} \left\{ \frac{1}{\sqrt{2\pi\sigma_i^2}} \exp\left[-\frac{1}{2\sigma_i^2} (y_{i,t} - \alpha_{0,i} - \alpha_1 y_{i,t-1} - \alpha_2 x_{i,t} - \alpha_{3,i} m_{i,t})^2 \right] \right\} \tag{2}$$

We assume that parameters $\alpha_{0,i}$, $\alpha_{3,i}$ and σ_i^2 can be empirically described by random variables, with unspecified probability function, and cluster-specific variances σ_i^2. In this way, eqn. (2) takes explicitly into account the between countries random terms correlation. Parameters α_1 and α_2, instead, represent the fixed part of the model. These parameters are simultaneously estimated via OLS.

The nonparametric maximum likelihood estimator (NPMLE) of the distribution is discrete (Laird, 1978; Heckman and Singer, 1984), with a finite number of locations and masses. This implies that the country-specific latent variables are modelled as measures of the difference between country i-th's covariates and their sample mean. We assume that it is a conditionally independent realization of the potential aggregate supply, given the set of random factors, which varies over countries and accounts for both individual variation and dependence among country-specific credit supply. Let now u_i denote the set of the country-specific unobservable factors that affect the covariates in (1). Treating the latent effects as nuisance parameters, and integrating them out, we obtain the following likelihood function:

$$\mathcal{L}(\cdot) = \prod_{i=1}^{I} \int_U f_{yi} \, dG \qquad (3)$$

where U is the support for the latent variables space $G(u)$, with $k = 1, ..., K$ support points, each of them with probability $\pi_k = \pi_k, ..., \pi_K$, with $\sum_{k=1}^{K} \pi_k = 1$. McLachlan and Peel (2000) stress that the mixture reduces to a simple homogenous regression when U degenerates in a single support point with probability $\pi_k = 1$. To avoid unbounded likelihood, we assume a constant variance across mixture components, i.e. $\sigma_i = \sigma$. By introducing an undefined random distribution of parameters, this specification allows to estimate unbiased coefficients for covariates in (1), conditional to the effects of additional unobserved environmental variables. Our goal is to find the best discretization of the conditional log likelihood, given the data generating process of the response variable (Dempster et al., 1977; McLachlan and Krishnan, 1997). Eqn. (3) can be approximated by the sum of finite number (K) locations:

$$\mathcal{L}(\cdot) = \prod_{i=1}^{I} \left\{ \sum_{k=1}^{K} f_{ik} \pi_k \right\} \qquad (4)$$

where f_{ik} denotes the response distribution in the k-th component of the finite mixture. Locations u_k and corresponding masses π_k (prior probabilities) represent unknown parameters while the optimal number of cluster K is estimated via penalized likelihood criteria. The corresponding likelihood equations are weighted sums of those of an ordinary log-linear regression model. Solving these equations for a given set of weights, and updating the weights from the current parameter estimates, we define an Expectation Maximization (EM) algorithm.

Summary of the main findings. In the absence of a theoretical guidance regarding the appropriate number of clusters, our choice is based on the Bayesian Information Criterion (BIC) that penalizes the number of estimated parameters with the logarithm of the included cross-sections. The BIC is formulated such that the model showing the smallest value should be chosen. Values reported in Table 1 are in favour of a model containing three clusters.

Tables 2, 3 and 4 report the estimation results for the baseline regression model—equation (3)—for each cluster. Our estimates show that the overall index of the usage of macroprudential policies MPI, is negatively (−0.228) correlated with the growth in (real) credit only in the first cluster, which is characterised by both the highest value of MPI (2.336) and the highest private credit to GDP ratio (121.259, see Table 5). For the countries that belong to this cluster, therefore, macroprudential policies exhibit a significant mitigating effect on credit developments. For countries included in the second cluster, the effect of MPI on the (real) credit growth is negligible (0.021) while it is positive (0.549) for countries belonging to the third cluster, which is the one with the relatively less developed financial sector, i.e. the lowest private credit to GDP ratio (92.989, see Table 5).

In terms of the fixed part of the model, the parameter of lagged credit growth is found not statistically significant while, as expected, economic growth has a positive and relatively high coefficient (0.230), i.e. credit supply is found to be strongly procyclical.

Conclusion

In this paper, we extend the analysis of Cerrutti, Claessens and Luc Laeven（2017）by applying to the updated version of their dataset a semi-parametric econometric technique, which allows to deal with the unobserved heterogeneity and to perform a cluster analysis. Interestingly, macroprudential policies—here captured by the variable MPI—are found to negatively affect the supply of（real）credit only in those countries in which financial markets are relatively more developed.

Table 1　Bayesian Information Criterion

Classification	BIC
2 clusters	22,881.95
3 clusters	**22,874.03**
4 clusters	2,894.55
5 clusters	22,891.82
6 clusters	22,912.14
7 clusters	22,937.54
8 clusters	22,963.12

Table 2　Cluster 1, estimates

	Coef.	Std.Err.	Z	P value
Credit Supply$_{t-1}$	−0.015	0.021	−0.700	0.481
Real GDP growth$_t$	0.230	0.011	20.620	0.000
MPI$_t$	−0.228	0.042	4.900	0.000
Intercept	0.055	0.087	3.900	0.000

Table 3　Cluster 2，estimates

	Coef.	Std.Err.	Z	P value
Credit Supply$_{t-1}$	−0.015	0.021	−0.700	0.481
Real GDP growth$_{t-1}$	0.230	0.011	20.620	0.000
MPI$_t$	0.021	0.042	4.900	0.000
Intercept	0.089	0.087	3.900	0.000

Table 4　Cluster 3，estimates

	Coef.	Std.Err.	Z	P value
Credit Supply$_{t-1}$	−0.015	0.021	−0.700	0.481
Real GDP growth$_t$	0.230	0.011	20.620	0.000
MPI$_t$	0.549	0.042	4.900	0.000
Intercept	−0.376	0.087	3.900	0.000

Table 5　Classification

Clusters		
1	2	3
Argentina	Australia	Bulgaria
Austria	Belgium	Estonia
Canada	Brazil	Greece
China	Colombia	Ireland
Czech Republic	Croatia	Latvia
Germany	Cyprus	Lithuania
Hong Kong China	Denmark	Slovenia
Iceland	Finland	Ukraine
Indonesia	France	
Israel	Hungary	
Japan	India	

（continued）

Clusters		
1	2	3
Malaysia	Italy	
Malta	Mexico	
Netherlands	New Zealand	
Philippines	Norway	
Singapore	Poland	
South Africa	Portugal	
South Korea	Russia	
Sweden	Spain	
Switzerland	Turkey	
Thailand	UK	
USA		
Uruguay		

Table 6　Descriptive statistics

Cluster	MPI	Private credit/GDP
1	2.336	121.259
2	1.831	112.726
3	2.040	92.989

Main references

Javier Bianchi and Enrique G.Mendoza，"Optimal Time-Consistent Macroprudential Policy," *Journal of Political Economy*，University of Chicago Press，Vol.126（2），pp.588—634，2018.

Eugenio Cerutti，Stijn Claessens and Luc Laeven，"The use and

effectiveness of macroprudential policies: New evidence," *Journal of Financial Stability*, Elsevier, Vol.28 (C), pp.203—224, 2017.

Arthur Dempster, Nan Laird and Donald B.Rubin, "Maximum Likelihood Estimation from Incomplete Data via the EM Algorithm (With Discussion)," *Journal of Royal Statistical Society*, B 39, pp.1—38, 1977.

Hans Gersbach and Jean-Charles Rochet, "Capital Regulation and Credit Fluctuations," *Journal of Monetary Economics*, Elsevier, doi: 10.1016/j.jmoneco.2017.05.008, 2017.

Hans Gersbach and Jean-Charles Rochet, "Aggregate Investment Externalities and Macroprudential Regulation," *Journal of Money, Credit and Banking*, Blackwell Publishing, Vol.44, pp.73—109, December, 2012.

James Heckman and Burton Singer, "A Method for Minimizing the Impact of Distributional Assumptions in Econometric Models for Duration Data," *Econometrica*, 52 (2), pp.271—320, 1984.

Nan Laird, "Nonparametric Maximum Likelihood Estimation of a Mixing Distribution," *Journal of the American Statistical Association*, 73, pp.805—811, 1978.

C.H.Lim, F.Columba, A.Costa, "Macroprudential Policy: What Instruments and How to Use Them? Lessons from Country Experiences," Working paper, Internat, Monetary Fund, Washington, DC, 2011.

Geoffrey J.McLachlan and Thriyambakam Krishnan, *The EM Algorithm and Extensions*, New Jersey: John Wiley & Sons Inc, 1997.

Geoffrey J.McLachlan and David Peel, *Finite Mixture Models*. New Jersey: John Wiley & Sons Inc, 2000.

后 记

为推动中国（上海）与意大利（欧盟）在经济金融领域开展双边合作与多边交流，加强金融规则、金融监管等方面的研讨，为政策制定者提供基于实证研究基础上的对策建议，探索应对经济风险尤其是重大金融风险的创新方案，上海行政学院、罗马大学于2019年11月9日—10日在上海联合召开"首届中国（上海）—意大利经济金融论坛暨健康的财政与金融体系——10年金融危机治理的反思"。《健康的财政与金融体系——10年金融危机治理的反思》是此次论坛的成果之一。

全书共收录17篇论文，执笔人依次为中共上海市委党校（上海行政学院）经济学部唐珏岚，中共湖南省委党校（湖南行政学院）经济学部刘建琼，黑龙江省行政学院决策咨询部王杰，中共黑龙江省委党校刘瑞华、王威、党程远，上海证券交易所资本市场研究所宋澜，中共福建省委党校（福建行政学院）李辉文，武汉行政学院周昕、冯玥，中共西安市委党校周阿利，中共四川省委党校（四川行政学院）蒲丽娟与成都师范学院张瑞，中共四川省委党校（四川行政学院）陈燕，中共沈阳市委党校孙鸿炜、黄旻露与中国人民银行沈阳分行张伟，中共上海市委党校（上海行政学院）经济学部解钢，上海市浦东新区行政学院周海成，中共上海市委党校（上海行政学院）经济学部叶敏华，意大利经济与财政部克里斯蒂娜·布兰迪马特、福图纳托·兰比斯，罗马第二大学帕斯奎尔·卢西奥·斯坎迪佐，罗马第二大学洛伦佐·卡波里、意大利银行艾莉莎·希尔斯、罗大第二大学乔瓦尼·特罗瓦托。全书由唐珏岚统稿而成。

本书的出版得到了中共上海市委党校（上海行政学院）"智库报告"项目的资助。在此特别感谢中共上海市委党校决策咨询部、外事处等有关部门的领导和老师，他们的辛勤付出为论坛的举办、本书的出版奠定了坚实基础。最后，特别感谢上海人民出版社吕桂萍老师为本书出版付出的辛勤劳动。

尽管书稿经过作者的多次修改和完善，但由于时间仓促、作者水平和能力有限，书中难免存在一些不完善之处，尚祈读者、学界同仁批评指正为感！

图书在版编目(CIP)数据

健康的财政与金融体系:10年金融危机治理的反思/
唐珏岚主编. —上海:上海人民出版社,2020
ISBN 978 - 7 - 208 - 16664 - 6

Ⅰ.①健… Ⅱ.①唐… Ⅲ.①财政金融-研究-中国
Ⅳ.①F812

中国版本图书馆 CIP 数据核字(2020)第 163014 号

责任编辑 吕桂萍
封面设计 陈　酌

健康的财政与金融体系——10 年金融危机治理的反思
唐珏岚　主编

出　　版	上海人民出版社
	(200001　上海福建中路 193 号)
发　　行	上海人民出版社发行中心
印　　刷	常熟市新骅印刷有限公司
开　　本	720×1000　1/16
印　　张	19.75
插　　页	4
字　　数	199,000
版　　次	2020 年 9 月第 1 版
印　　次	2020 年 9 月第 1 次印刷

ISBN 978 - 7 - 208 - 16664 - 6/F·2651
定　　价　85.00 元